U0819371

权威·前沿·原创

皮书系列为
“十二五”国家重点图书出版规划项目

产业安全蓝皮书

BLUE BOOK OF
INDUSTRIAL SECURITY

中国文化产业安全报告（2015）

ANNUAL REPORT ON CHINA'S CULTURAL INDUSTRIAL SECURITY (2015)

北京印刷学院文化产业安全研究院 / 主 编

社会科学文献出版社
SOCIAL SCIENCES ACADEMIC PRESS (CHINA)

图书在版编目(CIP)数据

中国文化产业安全报告. 2015/北京印刷学院文化产业安全研究院主编. —北京：社会科学文献出版社，2015. 12
（产业安全蓝皮书）
ISBN 978 - 7 - 5097 - 8465 - 5

Ⅰ. ①中… Ⅱ. ①北… Ⅲ. ①文化产业 - 安全 - 研究报告 - 中国 - 2015 Ⅳ. ①G124

中国版本图书馆 CIP 数据核字（2015）第 284873 号

产业安全蓝皮书
中国文化产业安全报告（2015）

主 编 / 北京印刷学院文化产业安全研究院

出 版 人 / 谢寿光
项目统筹 / 周 丽 蔡莎莎
责任编辑 / 于 飞

出 版 / 社会科学文献出版社 · 经济与管理出版分社（010）59367226
地址：北京市北三环中路甲 29 号院华龙大厦 邮编：100029
网址：www. ssap. com. cn
发 行 / 市场营销中心（010）59367081 59367090
读者服务中心（010）59367028
印 装 / 北京季蜂印刷有限公司

规 格 / 开 本：787mm × 1092mm 1/16
印 张：16 字 数：184 千字
版 次 / 2015 年 12 月第 1 版 2015 年 12 月第 1 次印刷
书 号 / ISBN 978 - 7 - 5097 - 8465 - 5
定 价 / 89. 00 元

皮书序列号 / B - 2014 - 345

本书受教育部专项任务“中国产业安全指数研究”资助（项目编号：B09C1100020）

学术委员会

课题实施单位　北京交通大学中国产业安全研究中心
　　　　　　　北京印刷学院文化产业安全研究院

课 题 组 组 长　李孟刚

课题组副组长　肖　丽　韩丽雯

成　　　　员　佟　东　肖　丽　韩丽雯　陈学民　王卓宇
　　　　　　　孙　宇　冯广林　塔　琳

执　　　　笔　佟　东　肖　丽　韩丽雯　陈学民　王卓宇
　　　　　　　孙　宇　冯广林

审　　　　稿　韩丽雯　佟　东

主编简介

北京印刷学院文化产业安全研究院（Institute for Culture Industrial Security Research，ICISR）于2013年4月在北京印刷学院成立，是一所专门研究文化产业安全问题的学术机构。

文化产业安全研究院充分利用北京印刷学院传媒类大学的特色优势，将文化和产业安全两大前沿研究领域的优势资源和研究力量深度整合，以“文化产业安全”为研究重点，以“文化产业安全评价与产业发展政策”以及“文化产业安全指数”为研究特色，立足文化产业领域的学科前沿，聚焦文化产业安全领域的热点和难点问题，进行广泛的社会调查和资料积累，持续开展前沿性、专业性和交叉性的研究，发布年度《中国文化产业安全报告》《中国出版传媒产业安全报告》，以期为政府制定文化产业政策、保证文化产业的安全发展提供理论依据和智力支持。

文化产业安全研究院突出研究特色，发展科研人才队伍，致力发展成为文化产业安全领域的科学研究中心、人才培养中心、学术交流中心、资料信息中心与咨询服务中心，并加强与相关大学、政府、研究机构、企业的协作互动，向国内领先的学术研发机构迈进。

摘　要

文化产业安全是文化产业发展的基础，是保障文化产业可持续发展、保证国家文化安全的内在要求。随着经济的发展，文化产业在国民经济中的重要性与日俱增，文化产业的文化属性和产业属性决定了其在国家战略安全方面的重要影响，也决定了文化产业安全的重要作用。

本报告以年度报告的形式系统分析和全面阐述了中国文化产业安全的状况，本报告运用产业经济学的理论，运用统计分析的方法对文化产业发展态势对文化产业安全的影响进行专项分析和探究，并提出相应的对策和建议。本报告的数据是通过国家统计年鉴和地方统计年鉴获得，数据可靠，数据的范围承续了 2014 年度报告的数据统计，并进行了延伸，能够完整体现本年度文化产业安全的发展态势，从而为文化产业的发展提出可供参考的战略规划。

本报告分为总报告、分报告和技术篇三个部分。总报告从文化产业安全的内涵、文化产业安全的影响因素和文化产业安全现状三个方面为本报告搭建起一个整体架构，总报告认为文化产业安全是指我国文化产业生存和发展不受威胁的状态。其含义包括：文化产业安全的主体特指我国的文化产业；文化产业安全包括文化产业的生存安全和发展安全两个方面；文化产业安全度可以通过评价文化产业受威胁的程度加以反推。总报告认为影响我国文化产业安全的因素主要有国内环境、对外依存度、竞争力、控制力等方面，并对每个方面展开具体分析，在此基础上总报告全面概括了文化产业安全评价的基本方法，并分析了我国文化产业安全的现状，包括生存环境现状、对外依存度现状、产业竞争力现状和产业控制力现状。

本报告的第二部分是分报告，分报告主要从影响我国文化产业安全的不同侧面进行阐述，即我国文化产业政策安全研究；内容创新对中国文化产业安全的影响；市场化机制对文化产业安全的影响；版权立法对中国文化产业安全的影响；数字化技术与媒体平台对文化产业安全的影响；产业集聚对中国文化产业安全的影响共六个方面。分报告的六个侧面都是按照与文化产业安全的关联、对文化产业安全的影响和对策建议的逻辑展开的，通过提出问题、分析问题、解决问题的思路进行了全面而细致的论述，展现了文化产业的不同侧面对文化产业安全的影响。

本报告的第三部分是技术篇，从文化产业安全预警和维护文化产业安全的对策两个角度对中国文化产业安全进行了论述，在文化产业安全预警部分阐述了我国文化产业安全的实证分析、文化产业安全度的测量和文化产业安全预警体系的构建。在维护文化产业安全的对策建议部分提出了推动文化产业走出国门、转变文化产业的发展方式、支持文化产业的并购重组、加强金融支持力度、加强版权保护和加强外资文化企业审批监管等六大建议，对文化产业和政府机构有很好的指导意义。

本报告秉持着为各类文化产业领域的从业人员、文化产业的管理机构和相关专业的大中专学生提供优质内容的理念，强调高品质、大视野、多视角，将文化产业政策分析和文化产业安全动态研究紧密结合，具有专业性和综合性等特点。

目录

𝔹 I 总报告

𝔹 II 分报告

BⅢ 技术篇

皮书数据库阅读使用指南

总 报 告

BLUE BOOK

B.1
中国文化产业安全总报告

佟 东*

摘 要： 文化产业安全是指文化产业生存和发展不受威胁的状态。这是本报告的研究基础和出发点，总报告在定义何为文化产业安全的基础上，对影响文化产业安全的国内环境、对外依存度、竞争力、控制力等方面进行了分析，全面概括了文化产业安全评价的基本方法，并分析了我国文化产业安全的现状，包括生存环境现状、对外依存度现状、产业竞争力现状和产业控制力

* 佟东，辽宁本溪人，满族，北京印刷学院文化产业安全研究院讲师。

现状。

关键词：文化产业　产业安全　影响因素　评价方法　产业安全现状

一　文化产业安全

在全球经济一体化的21世纪，文化产业被认为是“朝阳产业”。从文化全球化的基本趋势来看：文化软实力越发达的国家，文化软实力的扩张和渗透力就越强；文化产业发展越成熟的国家，文化软实力的优势也就越大。在国与国之间综合国力的竞争中，文化产业发挥着越来越重要的作用。文化产业安全是文化产业发展的基础和保证，加强文化产业安全研究对于做大做强我国文化产业十分必要。

以产业安全理论为基础，文化产业安全是指我国文化产业生存和发展不受威胁的状态。这里包含以下三层含义。

第一，文化产业安全的主体特指我国的文化产业；

第二，文化产业安全包括文化产业的发展安全和生存安全两个方面；

第三，文化产业安全度可以通过评价文化产业受威胁的程度进行反推。

（一）文化产业安全的主体特指我国的文化产业

为适应社会主义市场经济发展的新形势，“文化产业”的概念在党的十五届五中全会上首次被提出，标志着文化产业对经济发展的贡献被党和政府所认可。区分文化事业和文化产业这一要求在党的十六大会议中被提出，强调要一手抓经营性文化产业，一手抓公益性文化事业，这在文化产业发展中起了里程碑的作用。国家文化软实力在党的十七大会议中被提出，增强、推动社会主义文化大发展、大繁荣被提高到战略高度，社会主义文化建设迎来新一轮的高潮，对文化产业发展提出了新的要求。为应对国际金融危机对经济社会的影响，国务院颁布了我国第一部文化产业发展专项规划——《文化产业振兴规划》，对新形势下文化产业的发展提出了新的指导思想、目标任务、重点项目、基本原则和扶持政策，标志着中央把发展文化产业提升为国家战略。2011 年 10 月，中央提出要在 2016 年内“推动文化产业成为国民经济支柱性产业”的历史使命。党的十七届六中全会发布了《中共中央关于深化文化体制改革，推动社会主义文化大发展大繁荣若干重大问题的决定》，党的十八大高度重视文化建设，明确将“文化软实力显著增强”作为 2020 年全面建成小康社会的目标。

从 2012 年起，社会各个方面的力量在政府的主导下，共同实现建设“现代文化产业体系”的重大任务，积极性被广泛地调动起来。在文化部的《“十二五”时期文化产业倍增计划》和国务院的《国家“十二五”时期文化改革发展规划纲要》的引领下，各省份各自的文化产业发展规划纷纷出炉。为了推进文化体制改革，推动经营性文化单位转企改制走向市场，中央专门成立文化企业国有资产监督管理领导小组办公室。为了支持文化产业的发展，对文化产业的发展进行有力的扶持，财政部、国家税务总局等国家部委纷纷出台相关政策。2012 年，国家统计局推出重新修订的《文化及相关产业分类》统计制度，明确了文化产业的范围，并对我国文化产业重新进行了定义，提供了一个更为科学的、统一的标准，对于文化产业的规范化具有重要意义。由此可见，促进文化产业发展已经成为国家的行动，文化产业发展已经被提升到国家发展战略的高度，文化产业发展面临着前所未有的机遇。

（二）文化产业安全包括发展安全和生存安全两个方面

文化产业是 21 世纪的朝阳产业，自 20 世纪 90 年代以来，已成为全球发展最快的产业之一，目前文化产业已成为许多发达国家国民经济的重要支柱产业。美国文化产业年产值约占美国 GDP 的 25%，其产品出口已经超过航空航天业，成为全美第一大贸易出口产品。日本的娱乐业产值也仅次于汽车产业；加拿大的文化产业规模超过农业、交通、通信及信息产业，即使在金融危机席卷全球的同时，全球的文化产业仍然逆势上扬，文化创意产品与服务的世界出口额仍保持自 2002 年以来每年 14% 的增长态势。因此，文化产业生存安全对文化产业安全有着十分重要的意义。

在很长一段时间里，我国把文化作为一种事业来对待，忽略了文化的产业属性。进入 21 世纪以后，党和政府发展文化产业的思路逐步明晰，公益性文化事业和经营性文化产业的划分，以及文化管理体制的市场化转型为我国文化产业带来了勃勃生机，在政策的大力推动下，我国的文化产业正在以迅猛的速度发展。

但是，与我国其他产业门类相比，我国文化产业起步晚、起点低，计划经济色彩浓厚，在国际文化市场上处于明显的劣势地位。文化产业是否具有发展能力，文化产业发展是否安全，事关文化产业的安全与否。

（三）文化产业安全度通过文化产业受威胁程度进行反推

正如安全与威胁是相互对立的一样，文化产业安全和文化产业威胁也是相互对立的。文化产业发展与生存受威胁的程度越深，文化产业生存与发展越不安全，即文化产业的安全度越低。因此，判断我国文化产业是否安全，一是可以从文化产业受威胁的程度加以反推，二是可以通过建立产业安全度评价指标体系直接评价文化产业的安全度，在通常情况下，第一种判断方法在把握文化产业安全现状、预警文化产业安全状况方面要优于第二种方法，对促进文化产业安全、及时采取应对措施具有现实意义。

伴随着经济的全球化，发达国家凭借经济、军事、政治等优势，大力输出本国的价值观念、意识形态、政治文化等，给中国的文化产业带来了巨大冲击。在规模经济及技术垄断日益占据首要地位的全球化过程中，中国的文化市场面临着被西方跨国文化产业集团垄断的危险。在开放经济条件下，中国的文化资源不再为中国文化产业所独有，全球化的生产方式使传统上对物质资源的争夺转变为对文化资源的争夺。以美国为首的西方文化产业大国“文化帝国主义”和“文化霸权主义”的全面入侵，西方文化以产业形态对中国的渗透，构成了现实的中国国家文化安全问题。

事实上，文化领域已经成为国际政治斗争和意识形态较量的主战场。在经济全球化的背景下，如何在融入现代世界体系的过程中保持和发展本国、本民族的优秀文化成为中国文化发展必须回答的重要问题。

二　影响文化产业安全的主要因素

（一）文化产业国内环境

1. 文化产业政策

文化产业国内环境涉及的方面多而广，其中最重要的一个方面就是国家的产业政策，其对文化产业安全起着重要的作用。2012年，国家与地方政府、主管部门、行业协会等制定了相应的标准、政策等，使文化产业的发展得到进一步推动。2012 年，文化部发布了《“十二五”时期文化产业倍增计划》，国务院颁布了《国家“十二五”时期文化改革发展规划纲要》，提出在国民经济发展第十二个五年规划期间，文化部门管理的文化产业要实现不低于20%的增加值年平均现价增长速度，2015 年至少比 2010 年翻一番，实现文化产业产值的倍增目标。同年，文化部还发布了《“十二五”文化科技发展规划》和《关于鼓励和引导民间资本进入文化领域的实施意见》。

2014 年，国家与各主管部门行业协会重点发布了八项政策建议，以促进文化产业发展和维护文化产业安全（见表 1）。

表1　2014年促进文化产业发展和维护文化产业安全政策

发文机构	发文时间	发文名称	文件内容	对促进文化产业发展和维护文化产业安全的作用
文化部、财政部	2014年8月26日	《关于推动特色文化产业发展的指导意见》	(1)发展重点领域； (2)打造特色文化城镇和乡村； (3)发展区域性特色文化产业带； (4)健全各类特色文化市场主体； (5)建设特色文化产业示范区； (6)培育特色文化品牌	提升文化产业竞争力，优化文化产业发展环境，提高文化产业安全度
工业和信息化部、文化部、财政部	2014年8月19日	《关于大力支持小微文化企业发展的实施意见》	(1)加强对小微文化企业创新发展能力的培育； (2)支持各种类型的小微文化企业创业载体建设； (3)在文化市场监管与审批工作中支持小微文化企业发展； (4)进一步拓展和创新公共服务； (5)明确支持公共文化服务与小微文化企业参与； (6)明确了小微文化企业的含义； (7)开展方式灵活、形式多样的人才培养； (8)明确提出加大财税支持； (9)明确小微文化企业金融服务的重点工作； (10)发挥好部门协作机制作用	优化文化产业发展环境，提升文化产业安全度

续表

发文机构	发文时间	发文名称	文件内容	对促进文化产业发展和维护文化产业安全的作用
国务院办公厅	2014年4月16日	《关于印发进一步支持文化企业发展和文化体制改革中经营性文化事业单位转制为企业两个规定的通知》	(1)保留和延续原有给予转制企业的各项政策; (2)调整和增加有关政策规定; (3)进一步提高政策含金量	提升文化产业安全度,优化文化产业发展环境
文化部、中国人民银行、财政部	2014年3月17日	《关于深入推进文化金融合作的意见》	(1)建立文化金融合作部际会商机制; (2)加大财政对文化金融的扶持力度; (3)完善文化金融中介服务体系; (4)重视金融支持小微文化企业发展; (5)推进文化金融在重点领域的实施; (6)创新文化金融服务组织形式; (7)推动文化企业直接融资; (8)创建文化金融合作试验区	提升文化产业安全度,优化文化产业发展环境
国务院	2014年3月17日	《关于加快发展对外文化贸易的意见》	(1)明确支持重点; (2)加大财税支持; (3)强化金融服务; (4)完善服务保障	优化文化产业发展环境,提升文化产业安全度
国务院	2014年3月14日	《关于推进文化创意和设计服务与相关产业融合发展的若干意见》	(1)塑造制造业新优势; (2)提升人居环境质量; (3)加快数字内容产业发展; (4)挖掘特色产业发展潜力; (5)提升旅游发展文化内涵; (6)提升文化产业整体实力; (7)拓展体育产业发展空间	提升文化产业竞争力,维护文化产业安全

续表

发文机构	发文时间	发文名称	文件内容	对促进文化产业发展和维护文化产业安全的作用
文化部、财政部	2014 年 3 月 5 日	《藏羌彝文化产业走廊总体规划》	(1)完善梯度布局、优化构建核心区域； (2)重点发展演艺娱乐、文化旅游、工艺美术和文化创意等新兴产业； (3)扶持小微文化企业，推动骨干企业和园区基地发展，培育知名文化品牌	提升文化产业竞争力，维护文化产业安全
中央全面深化改革领导小组	2014 年 2 月 28 日	《深化文化体制改革实施方案》	(1)积极推进改革任务； (2)稳妥推进试点任务； (3)研究制定政策文件	优化文化产业发展环境，提升文化产业安全度

图 1 是文化产业政策如何影响文化产业安全的关系图。

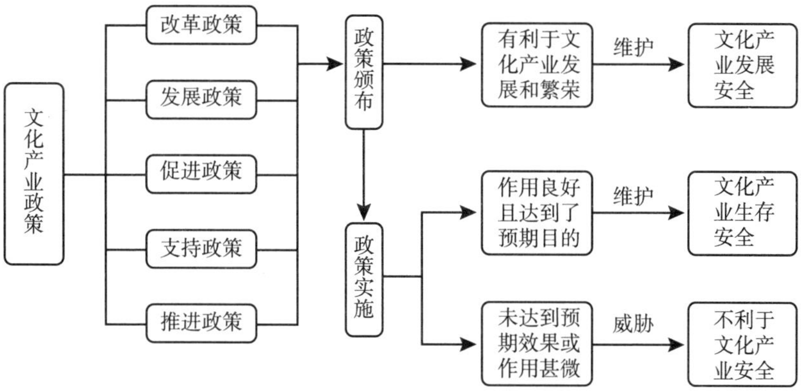

图 1　文化产业政策影响文化产业安全关系

2. 吸引就业能力

随着国家越来越重视文化产业的发展，进一步强调文化产业对国民经济发展的重要性，以及一系列有关扶持政策的出台，中国文化产业的发展取得了令人瞩目的成绩，发展进程明显加快。但文化产业在快速发展的同时也暴露出一些不利于维护文化产业安全的问题，中国文化产业发展只反映增量的增长，而内涵式发展明显不足，这对文化产业发展安全是十分不利的。《2013 年中国文化产业发展指数报告》显示，文化产业对我国总体就业贡献并不大，而在美国，文化产业已成为美国吸纳大量就业人口的重要部门。根据国际知识产权联盟发布的《美国经济中的版权产业：2013 年度报告》，2009 年，美国的核心文化产业雇用从业人员 517.81 万人，占美国全国从业人员总数的 3.96%。而到 2012 年，短短 3 年的时间，核心文化产业的就业人数就增加了 22.1 万人，达到了 539.91 万人，从业人员数量占美国当年全部从业人员总数的 4.04%。2009 年，美国文化产业雇用从业人员 1080 万人，2012 年增加到 1117 万人，而同期美国的全部从业人员数量从 2009 年的 13085.9 万人增加到 2012 年的 13373.62 万人，2012 年文化产业的从业人员数量占美国全部从业人员数量的 8.35%。

从文化产业从业人员数量就可以看出，文化产业吸收就业人数越多，说明文化产业发展越繁荣，对国民经济发展的促进作用也就越大，同时也反映出文化产业正不断向更好的方向发展。同时也可以看出，文化产业就业人数占比越高，越有利于维护文化产业安全。图 2 为文化产业就业人数对文化产业安全影响的关系图。

3. 资本积累能力

近年来，我国对文化产业的支持力度不断加大，尤其是以《文化产业振兴规划》为代表的一系列政策的出台，有力地推动了

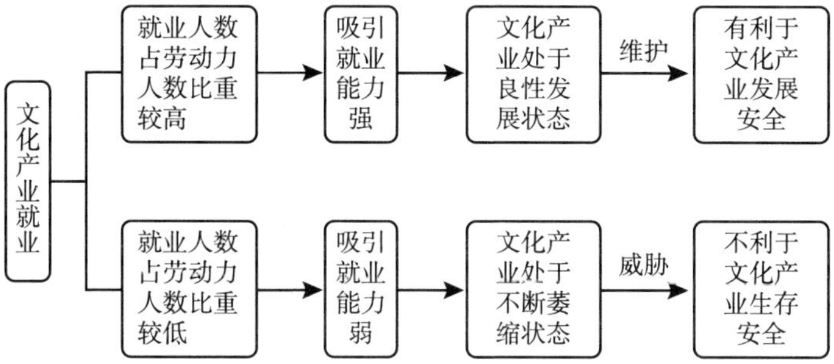

图 2　文化产业就业人数对文化产业安全的影响

我国文化产业的快速发展，在此背景下，我国文化产业的固定资产投资增长速度很快。2012 年以来，我国文化产业固定资产投资总体保持较快增长，投资规模持续扩大。2013 年，我国文化、体育和娱乐业完成固定资产投资 5231.1 亿元，同比增长 22.47%。图 3 为文化产业资本积累能力对文化产业安全影响的关系图。

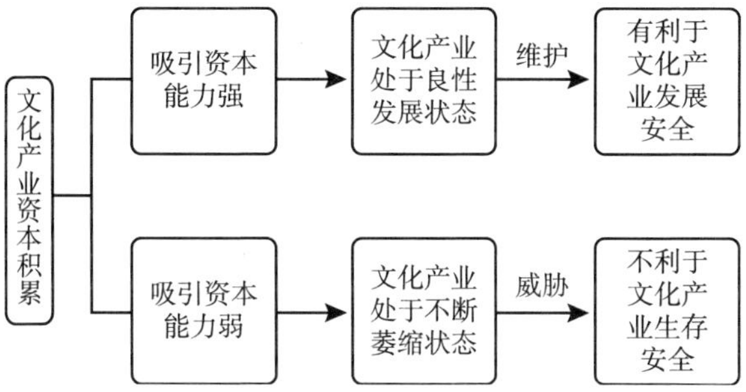

图 3　文化产业资本积累能力与文化产业安全

4. 融资环境

文化产业的生存和发展必须有一个可持续的、高质量的“资金链”，而文化产业发展的资本成本、资本效率对文化产业的发展安全和生存安全起了决定性的作用。

如果文化产业的资本效率低下，将不利于文化产业的生存。评价资本效率可以先根据货币供应量的增长速度、货币供应量以及贷款发放增长速度、贷款发放数量，来判断和推演文化产业发展所处金融大环境下的市场资金宽松状态；也可以根据企业进入股票市场的难易程度、获得银行信贷的难易程度以及高科技企业获得风险资本的难易程度来衡量。企业的生存和发展同样需要资本的支持，无论是从外部获得资本，还是依靠企业内部积累，无论是通过资本市场发行债券或股票，还是通过银行贷款，都存在一个资本成本的问题。如果资本成本太高，就会使原本有竞争力的企业背上沉重的负担，影响文化产业的生存。它可以以短期实际利率来衡量。[①] 图 4 反映出文化产业融资环境与文化产业安全的关系。

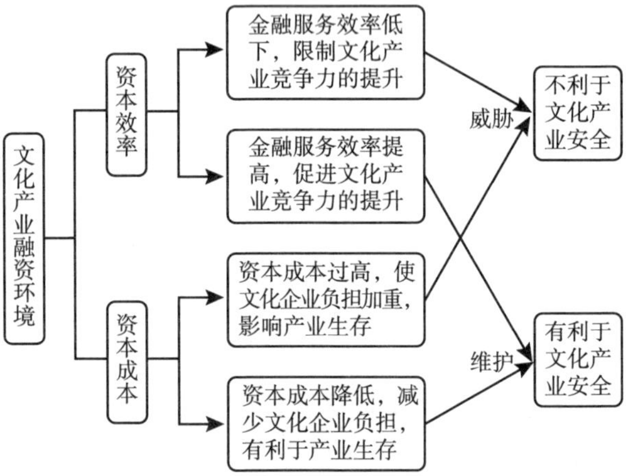

图 4　文化产业融资环境与文化产业安全

① 何维达、宋胜洲等：《开放市场下的产业安全与政府规制》，江西人民出版社，2003，第 102 页。

5. 文化产业人才

《国家“十二五”时期文化改革发展规划纲要》指出，“文化产品创作生产体系不断完善，高素质文化人才队伍发展壮大……加强基层文化人才队伍建设；加强文化人才队伍建设，造就高层次领军人物和高素质文化人才队伍；加强职业道德建设和作风建设；建立完善文化人才培训机制”。由于我国缺乏具有创新意识并能与国际接轨的高端文化人才，以及文化技术自主研发能力落后，我国的文化产业发展长期停留在相对低端、容易开发的外围层和相关层，比如文化旅游业、文化制造业、文化复制业、视听设备生产等，在一些地区，外围层和相关层文化产业甚至占当地文化产业增加值的80%，而涉及文化产业核心层的文化内容产业则相对较弱，创造的产值较低，文化产业人才与文化产业安全的关系见图5。

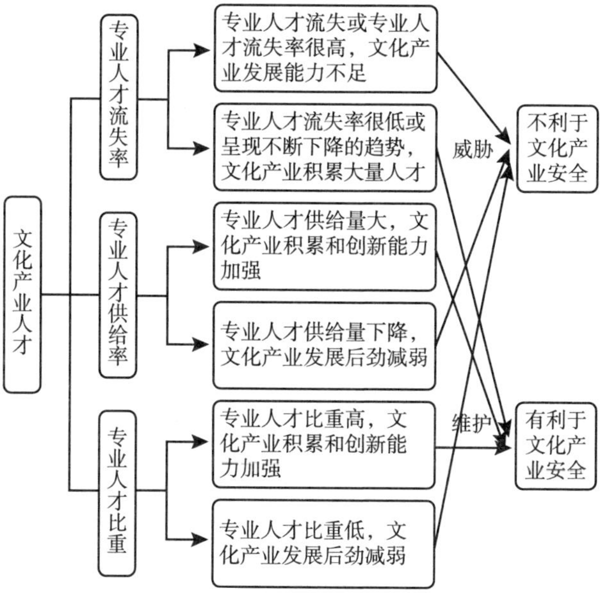

图5　文化产业人才与文化产业安全

6. 产业产值

从近几年的发展态势来看，我国文化产业未来的发展潜力巨大。相比美、日、韩等文化产业发达国家的情况，我国文化产业的发展仍处于初级阶段。美国的版权产业产值占 GDP 的 24%，是第一大出口产业，日本的文化产业产值占 GDP 的比重超过 10%，韩国的文化产业产值占 GDP 的比重也超过 7%，而我国文化产业产值占 GDP 的比重在 2012 年才达到 3.48%。

《国家“十二五”时期文化改革发展规划纲要》提出，“文化产业增加值占国民经济比重显著提升，现代文化产业体系和文化市场体系基本建立，文化产业推动经济发展方式转变的作用明显增强，使文化产业逐步成长为国民经济支柱性产业”。文化部《“十二五”时期文化产业倍增计划》提出“文化原创能力进一步提高，文化服务和产品更加丰富，文化产业成为提高人民生活幸福指数、满足人民多样化精神文化需求的重要途径。‘十二五’期间，文化部门管理的文化产业增加值年平均现价增长速度高于 20%，2015 年比 2010 年至少翻一番，实现倍增”。从图 6 可以看出文化产业产值增长对文化产业安全的重要性。

（二）文化产业对外依存度

1. 贸易对外依存

贸易对外依存度既包括进口依存度也包括出口依存度，又包括国别依存度。如果对少数国家和区域的依赖程度较高，就容易导致贸易的不平衡，同时对文化和舆论产生一定的影响。若出口对外依存度较低，对其他国家或地区出口不足，文化产品的竞争

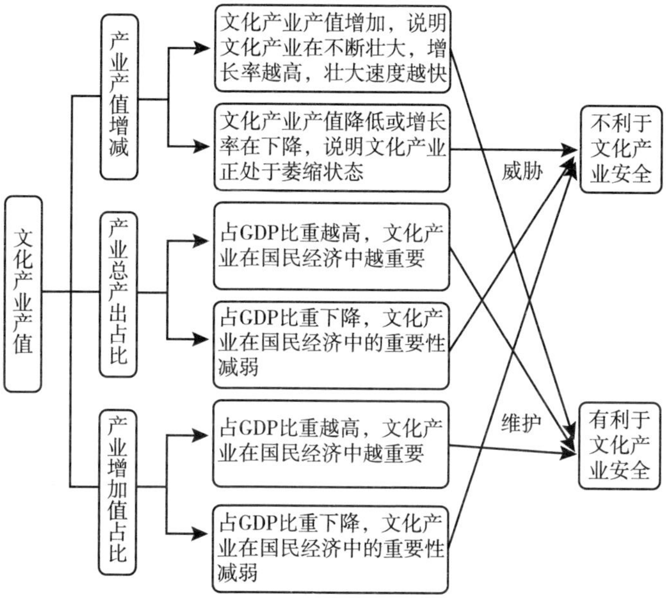

图6　文化产业产值与文化产业安全

力则亟须提升。若进口对外依存度较高，尤其是过于依赖发达国家，则说明文化产品出口创汇能力不足。如果文化产业的经济外向度和开放度较低，就会影响文化产业参与国际竞争的能力。从产业安全的角度来看，当前我国文化产业处于基本安全状态。不过，根据对文化产业对外依存度的估算，并结合我国文化产业政府规制的情况来看，我国文化产业处于制度保护下的相对安全状态，在这种环境下成长起来的文化产业在国际市场上缺乏竞争优势（见图7）。

2. 资本对外依存

境外资本对我国文化产业的发展起了相当大的助推与催化作用。然而资本的本性是追逐利润，追求高额的投资回报，甚至间接

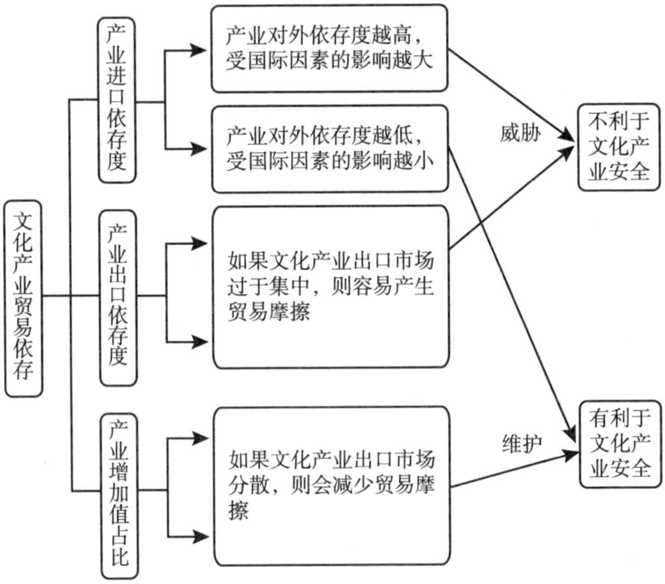

图7　文化产业贸易依存与文化产业安全

达到垄断行业市场的企图。我国的文化产业如果被外资控制，则可能产生如下负面影响：如果外资全盘控制，我国文化产业将存在巨大的经济风险；外资依存度过高，对国家信息化战略安全运行造成重大危害；外资控制面过广，对我国新媒体舆论将产生一定的消极导向；外资控制比例过高，对我国资本市场与金融领域损害重大；外资控制程度过深，对国民经济带来潜在隐患（见图8）。

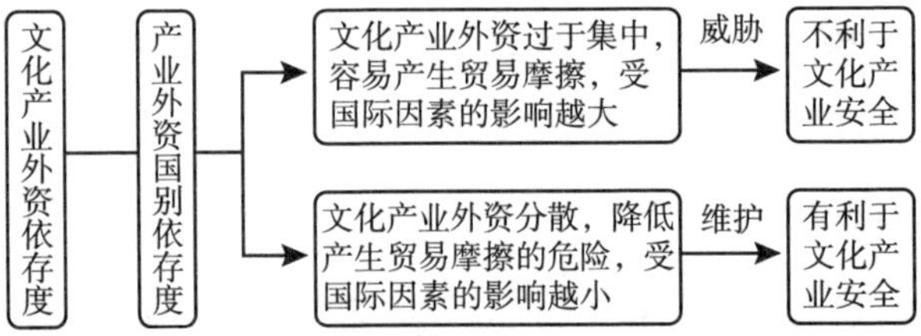

图8　文化产业外资依存度与文化产业安全

（三）文化产业竞争力

1. 市场结构

文化产业转企改制的目标之一就是使企业成为市场的主体。作为市场主体的企业，追求利润应当是其本性，在满足社会需求中追求自身利益最大化，这有赖于成熟的市场体系。然而，我国文化市场呈现的是不完全竞争的市场特征。尽管转企改制已经初步完成，但是许多文化企业的观念还没有完全转变。首先，在转企改制后，许多企业没有找准自己的发展定位，于是有些地方出现了文化产业结构失衡、特色不明、精品鲜见、原创乏力的局面；其次，由于资源供给方面和行政垄断的保护，很难真正形成充分的市场竞争，大的文化企业难以通过市场兼并迅速增强实力，弱小的企业也难以退出市场；最后，民营资本在文化市场上的参与度还远远不够。

2010 年，国务院出台了《关于鼓励和引导民间投资健康发展的若干意见》，其中第 17 条提出鼓励民间资本参与发展文化产业，"鼓励民间资本从事广告、印刷、演艺、娱乐、文化创意、文化会展、影视制作、网络文化、动漫游戏、出版物发行、文化产品数字制作与相关服务等活动"。2012 年国务院印发的《国家"十二五"时期文化改革发展规划纲要》中，再次提出"鼓励和引导文化企业面向资本市场融资，建立健全文化产业投融资体系，促进社会资本、金融资本和文化资源的对接"。尽管有了这些政策，但是目前民营资本进入出版传媒产业的还不多，还没有真正形成力量参与文化市场的竞争。

竞争不充分和过度竞争都不是理想的市场结构，二者均是对资源最优配置的偏离。市场经济体制下的资源配置是要通过市场竞争来实现的，如果没有竞争有序的文化市场，就会影响和制约文化企业作为市场主体参与竞争。其结果就造成了产业结构趋同，产业集中度低，资源配置不尽合理，市场分散和地区封锁严重，从而影响整个国家文化产业的竞争力。因此，在现有的情况下，如何通过市场竞争来实现多元化资源的整合，优化文化资源配置，达到“强强联合”，实现互利共赢，是提高整个文化产业的竞争力、应对日益激烈的国际竞争不可回避的问题。文化产业市场结构与文化产业安全的关系如图 9 所示。

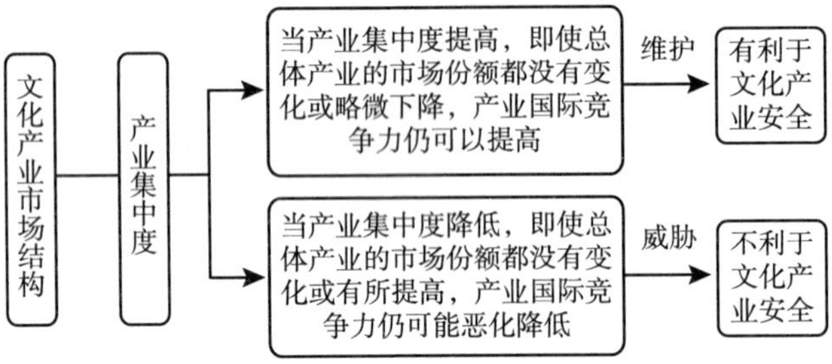

图 9　文化产业市场结构与文化产业安全

2. 市场份额

一个国家的文化产业国际竞争力大小可通过文化产业产品在国际市场上所占的份额大小来说明，获得的利润越多，份额越大，表明本国文化产业的竞争力越强。文化产业国内市场份额反映了国内文化产业在国内市场上的生存空间。而文化产业世界市场份额反映了国内文化产业在国际市场上的生存空间。文化产业市场份额与文化产业安全的关系如图 10 所示。

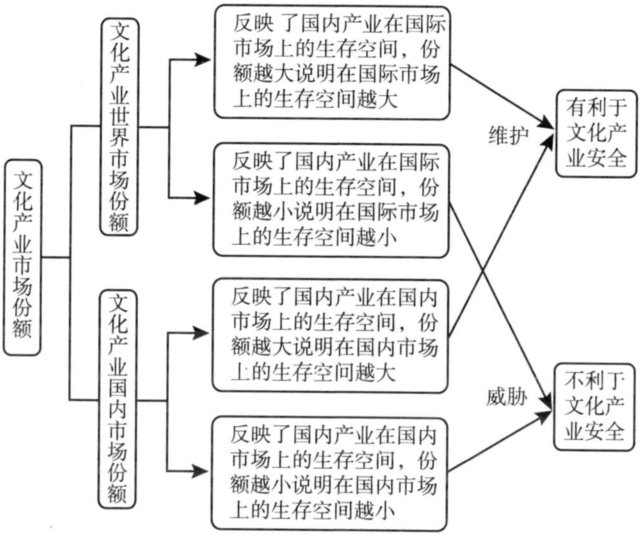

图 10　文化产业市场份额与文化产业安全

3. 贸易竞争力

贸易竞争力指数（TSC）是衡量市场竞争力的一个三级指标，用（出口额 - 进口额）/（出口额 + 进口额）来计算。当 TSC > 0 时，产业处于比较优势；当 TSC = 0 时，产业处于贸易平衡状态，进口额和出口额基本持平；当 TSC < 0 时，产业处于比较劣势。文化产业贸易竞争力与文化产业安全的关系如图 11 所示。

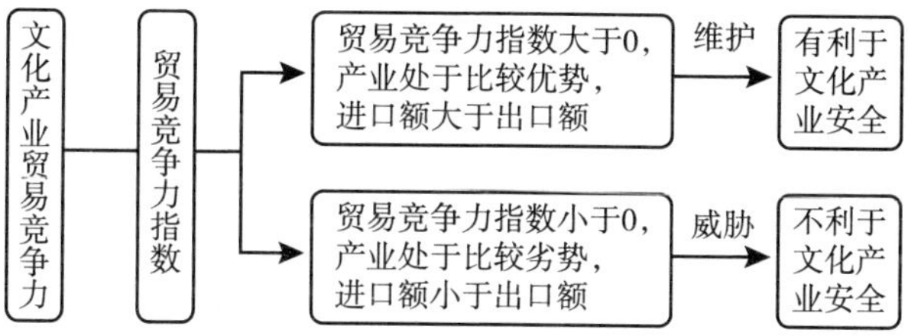

图 11　文化产业贸易竞争力与文化产业安全

（四）文化产业控制力

1. 文化信息

文化信息安全对一个国家的文化产业安全和信息安全非常重要。大量地使用国外公司的设备和核心技术对我国的信息安全构成了潜在的威胁。继陆地、海洋、天空和太空之后，战争已经进入了第五空间：网络空间。美国已经成为最为积极地使用网络战的国家。在涉及政府、海关、邮政、金融、铁路、民航、医疗、军警等国家关键信息基础设施的建设中，频频出现美国“八大金刚”（IBM、思科、谷歌、英特尔、高通、苹果、微软、甲骨文）的影子，特别是美国思科参与了中国几乎所有大型网络项目的建设——这种情形，无疑对我国信息安全构成了潜在威胁。据了解，思科占据了中国电信163骨干网70%以上的份额，把持着163骨干网所有的超级核心节点和绝大部分普通核心节点；更占据了中国联通169骨干网80%以上的份额，把持着所有超级核心、国际交换节点、国际会聚节点和互联互通节点。与此同时，我国的计算机系统等设备几乎全部采用英特尔的芯片，而操作系统和办公软件则依赖微软提供。

更令人担忧的是，经济生产生活中的各类数据，目前有很大一部分通过互联网传播，但由于技术等因素限制，相关的重要经济信息对于外界来说可以用“透明”二字来形容。这对我国企业和整个国民经济而言，都不是好消息。一方面，国外竞争对手可以方便地利用网络获取我国企业信息，在竞争中对我国企业进行打压；另一方面，大量涉及我国经济运行状况的数据一旦被外界获得，就可能对部分行业甚至整个国民经济造成潜在威胁。文化产业文化信息与文化产业安全的关系如图12所示。

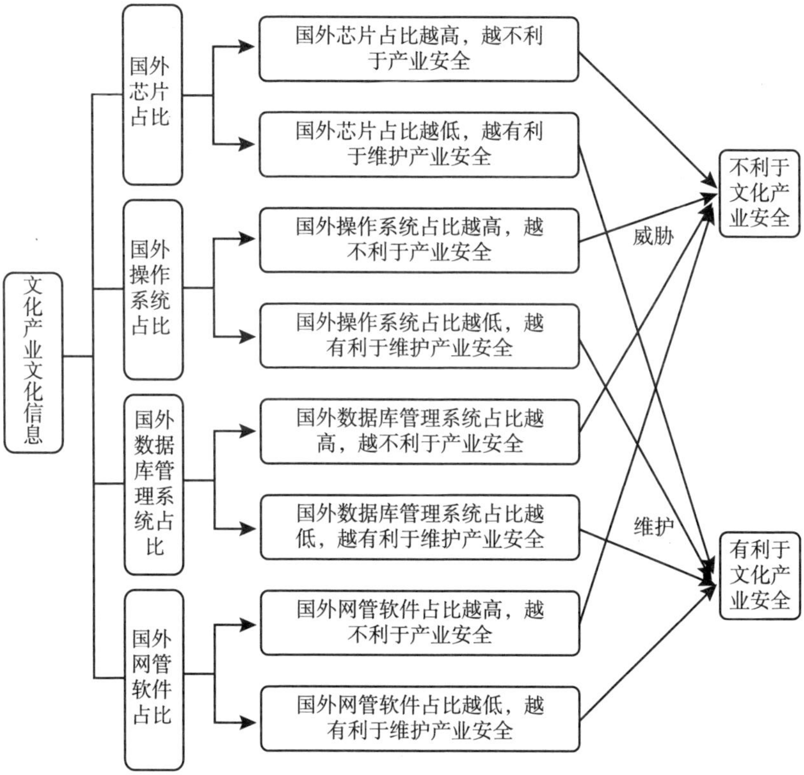

图12 文化产业文化信息与文化产业安全

2. 外资控制率

外资市场控制率反映外资控制企业对该产业国内市场的控制程度。它是用外资控制企业市场份额与国内该产业总的市场份额之比来衡量的。其中外资控制企业包括外资市场控制企业、外资技术控制企业、外资股权控制企业和外资经营决策权控制企业。

外资的技术控制与经营决策权控制较容易理解。现将另外两种控制方式说明如下：

“外资市场控制率”是衡量外资控制力的一项三级指标，计算公式为：外资销售额/产业销售额 ×100%。该指标反映外资控制企业对该产业国内市场的控制程度。外资市场控制率越高，产业发展安全受影响的程度越大。

“外资股权控制率”也是衡量外资控制力的一项三级指标，计算公式为：外资所有者权益/产业所有者权益 ×100%。

在我国互联网发展的早期，境外资本对我国互联网产业的发展起了相当大的助推与催化作用。然而资本的本性是追逐利润，我国互联网产业如果被外资控制，就可能产生如下负面影响：外资全盘控制，我国互联网产业将存在巨大的经济风险；外资依存度过高，将对国家信息化战略安全运行造成重大危害；外资控制面过广，对我国新媒体舆论将产生一定的消极导向；外资控制比例过高，对我国资本市场与金融领域弊处很大；外资控制程度过深，将给国民经济带来潜在隐患。文化产业外资控制率与文化产业安全的关系如图 13 所示。

中国 B2B 研究中心认为，目前中国的互联网企业被外资控制的方式大致有三种。方式一，互联网企业本身就是外资直接投资控制的，如境外网站以中文版形式在中国落地或者在中国寻找代理人。方式二，通过各种途径运作国内互联网企业在境外上市。方式三，中国互联网企业的风险投资来自境外。中国影响力较大、发展前景好的没有上市的互联网企业，90% 以上被外资控股。

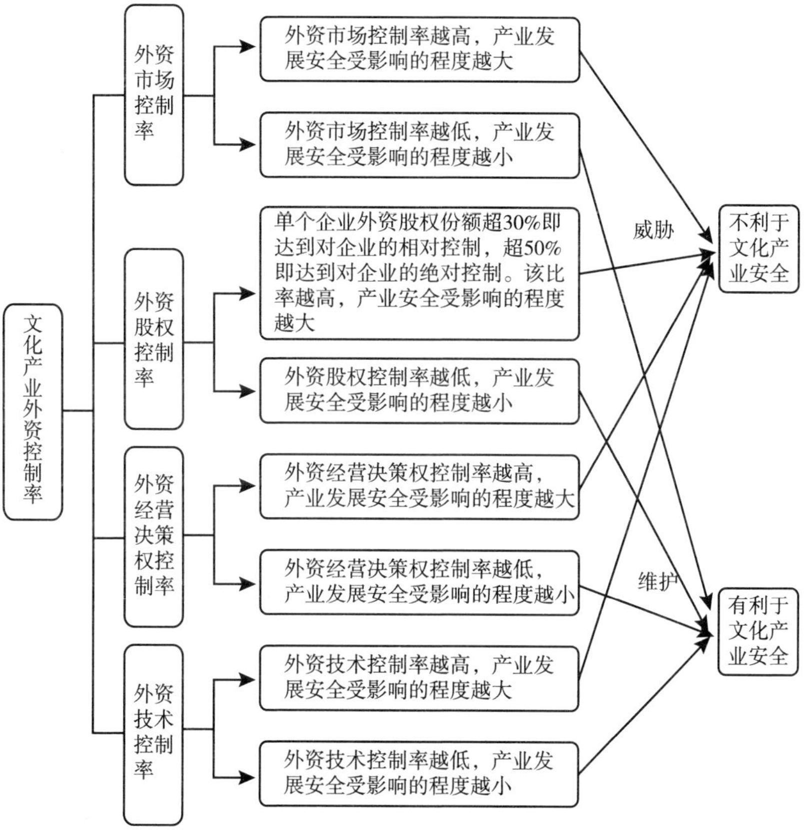

图 13　文化产业外资控制率与文化产业安全

三　文化产业安全的评价方法

本书利用全球最具权威的产业国际竞争力研究机构瑞士洛桑国际管理发展学院（IMD）和世界经济论坛（WEF）在进行国际竞争力的多指标研究测度时所使用的方法，对文化产业安全状况做出测度评价。产业安全测度评价模型为：

$$S = \alpha X + \beta Y + \gamma Z + \delta W \tag{1}$$

式中：

S 代表文化产业安全程度评价值；

X 代表文化产业生存环境安全的测度评价值；

Y 代表文化产业对外依存度的测度评价值；

Z 代表文化产业竞争力的测度评价值；

W 代表文化产业控制力的测度评价值；

α，β，γ，δ 代表为每一级指标的相应系数，也就是专家评价权值。

$$X = \sum a_i x_i \tag{2}$$

$$Y = \sum b_j y_j \tag{3}$$

$$Z = \sum c_k z_k \tag{4}$$

$$W = \sum d_l w_l \tag{5}$$

其中：i、j、k、$l = 1, 2, 3\cdots, n$。x_i、y_j、z_k、w_l 各代表相应一级指标项下的相关二级指标，系数 a_i、b_j、c_k、d_l 也为对应相应指标的权重值。

把（2）式～（5）式代入（1）式可以得出：

$$S = \alpha X + \beta Y + \gamma Z + \delta W = \alpha \sum a_i x_i + \beta \sum b_j y_j + \gamma \sum c_k z_k + \delta \sum d_l w_l$$

其中：$\alpha + \beta + \gamma + \delta = 1$，$\sum a_i = 1$，$\sum b_j = 1$，$\sum c_k = 1$，$\sum d_l = 1$。

三级指标按此方法类推下去，就能计算出整体的产业安全状态，从而给予相应的评价。

四　文化产业安全现状

（一）文化产业生存环境现状

文化产业生存环境安全是通过分析文化产业的政策环境、资本积累能力、吸引就业能力、融资环境、产业产值等多方面因素对文化产业安全的影响来进行分析和判断的（见图 14）。

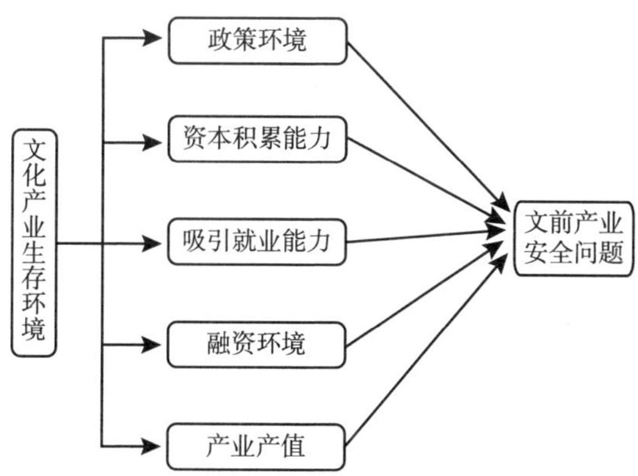

图 14　文化产业生存环境所反映的文化产业安全

2013 年以来，我国颁布了多项促进文化产业发展的政策。2014 年，党的十八届四中全会指出，制定文化产业促进法，把行之有效的文化经济政策法定化，健全促进社会效益和经济效益有机统一的制度规范。制定国家勋章和国家荣誉称号法，表彰有突出贡献的杰出人士。加强互联网领域立法，完善网络安全保护、网络信息服务、网络社会管理等方面的法律法规。这对维护文化产业安全是非常有利的。

从资本积累的角度来看，2005～2013年，固定资产投资额都呈现增长态势。这说明，我国为促进文化产业发展，大量的固定资产投资被应用于相关产业中，这对促进文化产业繁荣、维护文化产业安全是有益的。但是，从吸引就业能力来看，情况不容乐观。文化产业对我国总体就业贡献微乎其微，2005～2013年文化产业从业人员占社会就业人员比重不到0.20%，而同期美国和英国文化产业提供就业占比分别为8.4%和7.8%，我国文化产业在提供就业方面，与文化产业发达国家相比还有很大的差距，这不利于维护文化产业安全。从融资环境来看，2006年以来，我国金融机构法定短期贷款利率始终处于较高的水平，文化产业借贷的资本成本较高，使企业增加成本负担，不利于维护文化产业安全。从产业产值来看，由于文化部于2012年发布了《“十二五”时期文化产业倍增计划》，提出“十二五”期间文化部门管理的文化产业增加值年平均现价增长速度高于20%，2015年比2010年至少翻一番，实现倍增的奋斗目标。而2013年文化产业增加值已接近2010年的2倍，到2015年这一目标可以基本实现。因此，文化产业增加值的不断增长并且保持较高的增长率对维护文化产业安全是有利的。

（二）文化产业对外依存度现状

文化产业对外依存度安全是通过分析文化产业的进口依存度、出口依存度和出口国别依存度来进行分析和判断的。

2009～2013年，我国文化产业的整体进口依存度在降低，并且进口依存度水平也不高，这对维护文化产业安全是有利的。但个别细分行业进口依存度较高是不容忽视的问题。同一时期，尽管我国文化产业出口依存度在降低，但数值很大，超过了15.0%，甚至达到20.0%，这对维护我国文化产业安全是不利的。而从出口国别依存度情况看，我国内地文化产品出口的对象较为集中，主要是美国、加拿大、日本、韩国、俄罗斯、新加坡、马来西亚、德国、英国、荷兰、法国、西班牙、意大利等，并且多年来较为稳定，只是在进口额排位上略有变化。过于集中的文化产业出口国别依存度对维护文化产业安全是不利的（见图15）。

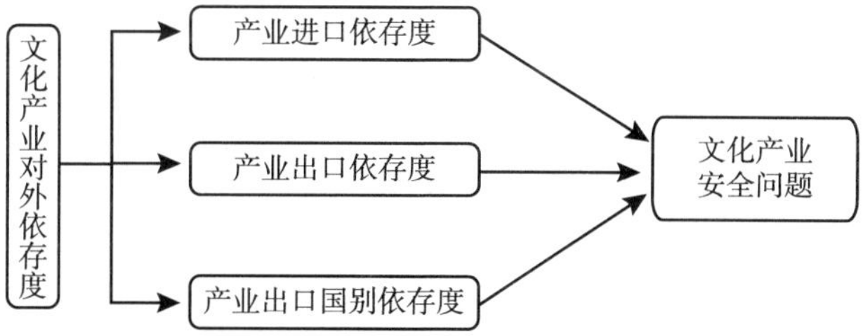

图15　文化产业对外依存度状况所反映的文化产业安全

（三）文化产业竞争力现状

文化产业竞争力安全是通过分析文化产业集中度、产业贸易竞争力指数等指标来进行衡量和判断的。

我国的文化企业尽管发展势头很猛，增长很快，但是与西方国家的文化传媒巨头相比，存在企业规模过小、产业集中度过低的问题，使得我国企业在与西方文化传媒巨头的竞争中面临规模上的劣势。我国文化产业虽然出现了一批大的企业集团，但小、散、弱仍是中国文化产业的现状，大型文化企业的市场占有率很低。以出版行业为例，我国出版传媒行业内前 4 家最大企业的集中度为 24% 左右，美国为 75.99%，英国达 80%，法国为 21.36%，德国为 22.98%，日本为 32.74%。我国出版产业的集中度与德国、法国、韩国接近，但是与美国、英国 70% 以上的集中度相比，相去甚远。可见，我国出版企业集中程度低，处于分散竞争和粗放型发展状态。这对于维护我国文化产业安全、促进文化产业发展是不利的。

2005～2013 年文化产业贸易竞争力指数出现较大的波动，最大值为 2005 年的 0.916，最小值为 2010 年的 0.622，不论其值大小，均大于 0，说明文化产业贸易处于比较优势的地位，这对维护文化产业安全是有利的，并且其值越大，对维护文化产业安全越有利（见图 16）。

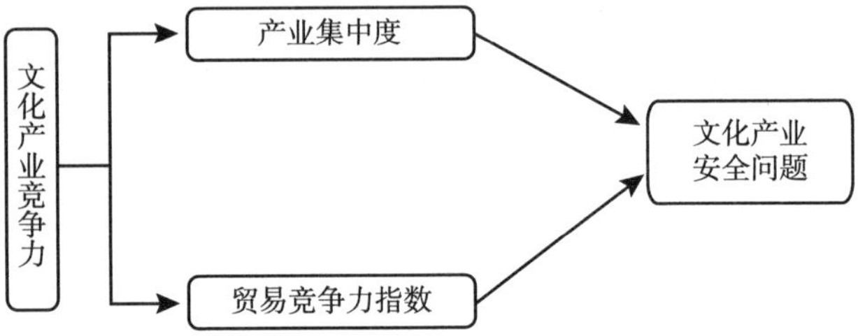

图 16　文化产业竞争力状况所反映的文化产业安全

（四）文化产业控制力现状

文化产业控制力安全是通过分析文化产业外资市场控制率和文化产业外资资本控制率等指标来进行衡量和判断的。

2004～2012 年，我国文化产业外资市场控制率在不断提高，尽管外资市场控制率并不算太高，但是不断升高的趋势对文化产业安全构成了威胁。因此，文化产业外资市场控制率的不断升高对维护文化产业安全是不利的。

2004～2013 年，我国文化产业外资资本控制率在逐年下降。这对维护文化产业安全是有利的，同时，文化产业外资资本控制率的绝对数也很小，从整个文化产业来看，未对文化产业安全构成威胁。文化产业控制力状况所反映的文化产业安全如图 17 所示。

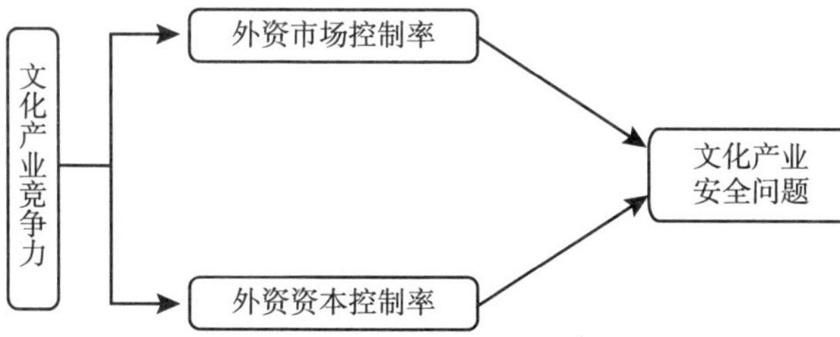

图 17　文化产业控制力状况所反映的文化产业安全

分 报 告

BLUE BOOK

B.2
内容创新对中国文化产业安全的影响

韩丽雯*

摘 要: 内容创新是文化产业的核心部分，是文化产业的核心竞争力，文化产业的内容创新是文化产业安全的前提和基础。当前文化产业的内容创新通过对传统文化的弘扬和传播增强了中华传统文化的国际影响力和竞争力，通过文化的内容创新增强了中国文化产业在全球化时代的核心竞争力。同时，当前文化产业的内容创新还存在非法复制和侵犯知识产权的

* 韩丽雯，山东莱阳人，汉族，北京印刷学院文化产业安全研究院讲师。

行为，存在文化内容的媚俗化和意识形态化的趋向，从而对中国文化产业安全造成一定的威胁。基于以上的阐述，本文对文化产业的内容创新提出了对策和建议，即文化产业的内容实现民族性和时代性的结合、科技助力和版权的保护以及创新理念的培养等，从而实现文化产业内容的持续创新以维护中国文化产业的安全。

关键词： 文化产业　内容创新　文化产业安全　核心竞争力

中国文化产业安全既包括文化产业的生存安全又包括文化产业的发展安全。其中文化内容创新是文化内容产业的主要目标，而文化内容产业是文化产业的核心层。中国文化产业的生存、发展与文化内容产业的发展息息相关，而目前中国文化产业中涉及核心层的文化内容产业的发展相对较弱，创造的产值较低，这对中国文化产业安全具有深刻的影响。由此可见，中国文化产业的发展繁荣需要内容的创新和支撑，而文化品牌是内容创新的主要目标。文化品牌体现了一种文化的受认可程度，以及这种文化的精神影响力和该文化企业产品的核心竞争力，中国的文化产业需要通过文化的内容创新，实现文化品牌化的建设。特别是在全球化和经济一体化的大背景下，文化企业通过内容创新来培育和发展文化品牌，已成为发展文化产业、增强文化产业安全的重要途径和策略。

一　全球化时代文化的内容创新是文化产业安全的基础

全球化时代的来临不仅改变着人们的经济生活，而且改变着人们的文化生活。20 世纪中后期以来，西方发达国家借助先进的科技手段和制度安排，在积极推动经济全球一体化的基础上，开始悄然推行并企图达到文化的全球化。在新一轮的文化全球化中，西方国家的广播、电视等文化产品及服务成为全球化的“急先锋”，这些“急先锋”借助一些从表面上看不具备什么意识形态色彩的“游戏规则”制度化、合法化地到对象国“攻城略地”，其威力之大远远超过了人们的想象。[①] 西方发达国家借助经济实力大力发展文化产业，由其所主导的文化优势对发展中国家的文化安全和文化产业安全形成巨大威胁。中国是有着 5000 年历史的文明古国，文化遗产和文化资源非常丰富，如何在全球化时代维护文化产业安全是摆在我们面前的时代主题，而文化和文化产业的内容创新将是文化产业生存和发展的前提和基础。

（一）全球化时代的文化产业安全

全球化时代的文化产业安全具有更加复杂的内容，也面临更加艰难的选择。文化产业安全既包括文化安全又包括产业安全。文化

① 张志君：《全球化与中国国家电视文化安全》，中国传媒大学出版社，2006，序言（刘忠德）。

安全主要是指人们认为自己所属国家或民族的基本价值和文化特性不会在全球化大势下消失或退化的“安全感”[①]。具体指：“政治文化和社会管理制度上的安全感；传统文化和独特价值体系上的安全感；民族语言和信息传播上的安全感；国民教育体系和国民素质上的安全感等”。[②] 在当今的全球化趋势下，对国家或民族的基本价值的威胁，不仅来自国外文化对本国民众生活方式和传统文化的威胁，而且来自本国社会内部对本国传统文化的质疑，如本国民众对政府合法性权威的挑战、本国内部的社会冲突、内战和其他威胁社会安定的事态和问题。而文化产业安全主要是指文化产业生存和发展的安全，文化产业生存安全是指文化产业的市场所占份额、文化产业所获得的利润以及文化产业总体资本循环中的任何一环都没有受到威胁的状态。文化产业发展安全是指文化产业的发展没有受到威胁的状态：从数量上看必须是文化产业价值的增加或市场所占份额的提高；从质量上看必须是文化产业原来所有的产品技术含量的提高及新产品的开发。而市场开放环境下的文化产业发展安全具体是指文化产业的技术水平必须紧跟国外文化产业的发展步伐，并且必要时可以实现文化产业升级。由此可见，文化产业发展安全可以定义为文化产业价值或文化产业所占有的市场份额的提高、文化产业的技术创新以及文化产业的超越不受威胁的状态。[③]

全球化促成了频繁的国际交往，出现了一系列现象，如跨国

---

① 潘一禾：《文化安全》，浙江大学出版社，2007，第28页。

② 潘一禾：《文化安全》，浙江大学出版社，2007，第28页。

③ 何维达、宋胜洲：《开放市场下的产业安全与政府规制》，江西人民出版社，2003，第74页。

公司的迅猛发展和经济一体化的发展，使人们的生活不再仅仅依赖本国的生产和销售；又如文化产业的迅猛发展，人们消费文化产品的规模不断扩展，人们对世界上发生的许多重大突发事件和细微变化都几乎是同时知晓，互联网的普及和广泛应用使人们的交流超越了地域和空间的阻隔，人们的见闻和思想更加趋于同化，这些对发达国家和不发达国家的文化安全都造成了直接或间接的影响，而且是相互联动的影响。文化安全主要指国家民族的基本价值和文化特性不受威胁，所谓文化特性就是指被本国和本民族的人们认为是特别深入人心而又难以简单说明的价值观或价值体系，可以说是他们的文化特性，也可以称之为文化自性。全球化时代的文化安全问题日益凸显，导致了各种各样的强烈反应，正如美国学者彼得·伯杰所说："我们现在见到了一场文化地震。文化全球化几乎涉及地球的所有地方。这场地震袭来时，不同的人有不同的反应。有些人是安然接受，有些人是力图抗拒。由于这两种姿态都需付出高昂代价，如完全孤立于全球文化之外，就必然会完全孤立于全球经济之外。但是，还有些人不是全盘拒绝，其典型是有些国家的政府企图既参与全球经济又抵制全球文化，在两者之间求平衡。这方面最重要的例子是中国。"① 由此可见，在全球化时代中，中国政府既选择了经济的一体化，又要维护中华民族文化的基本价值和文化特性，因此文化安全和文化产业安全受到了政府的高度重视。

① 塞缪尔·亨廷顿、彼得·伯杰：《全球化的文化动力：当今世界的文化多样性》，新华出版社，2004，第9、14页。

（二）文化产业的内容创新是文化产业安全的前提和基础

21世纪以来，随着中国经济的迅猛发展，中国政府非常重视文化产业的发展和繁荣。2014年，中国新兴文化产业的市场价值获得快速发展，大大超过了传统文化产业的市场价值。在“互联网+”的政策支持下，文化产业如何找到自身发展的路径，继续快速地推动文化产业市场价值的发展？互联网技术的发展和运用，推动着文化产业的快速发展和文化产业市场价值的提升，为文化产业结构转型升级提供了重要机遇。中国政府对文化产业的内容创新高度重视，并做出了一系列具体的部署。2015年，国务院发布了《国务院关于落实〈政府工作报告〉重点工作部门分工的意见》（以下简称《意见》）。《意见》对我国文化产业的发展方向和文化内容的创新提出了明确的要求，指出文化产业的内容创新是满足人民群众不断增强的文化需要的前提，是文化产业增加消费的基础。《意见》第47条明确指出，要“促进文化繁荣发展，让人民群众享有更多更好文化发展成果”，再一次强化了我国2015年文化产业建设的目标和动力。在推动文化产业发展过程中，要坚决以人民的需求为中心。文化产业的开创和公共文化服务的发展承担着文化安全的不同任务。文化产业的开创宗旨在于满足人民群众对文化产品多样化的、独特的和更高级的个性化的文化需求，而公共文化服务体系的建设则在于实现人民群众最基本的文化需求。因此，文化和文化产业的发展要全盘考虑文化安全，发展要从广大人民群众对文化产品的需求出发，调整好文化产业与公共文化服务发展之间的关联，最终实现向人民群众提供更多、更优质的文化成果。文化产业的发展在我国经济升级发展中起了关键作用。文化产业的影响和带动效应非常强，文化产业与各行各业的融合，能够推动其他行业的转型升级。同时，文化产业通过与不同行业的融合与发展，推动自身的转型升级是文化产业持续发展的主要目标。

文化产业的内容创新具有独特的个性。第一，文化产业的内容创新必须坚持本民族固有文化与新时代的创新型文化的融合，从而推动文化产品内容的创新发展。第二，文化产业具有双重属性，不仅具有产业属性，而且具有意识形态属性，因此文化产业的内容创新管理与其他产业管理相比难度更大。意识形态的发展常常有一定的滞后性，当社会发展时，文化通常还会按照它既有的惯性持续一段时间，如何协调社会发展与文化的相对滞后之间的步伐，最大限度地满足消费者的文化需求，是文化产业内容创新管理过程中的难点之一。第三，文化产业的内容创新起源于丰厚的文化底蕴，是在原有文化基础上的一种文化张扬和发展。例如，通过艺术创作、学术研究、对外交流等文化活动，诞生文化内容创新；或者利用文化名人、名校，乃至历史文化名胜的辐射力和影响力，推动文化产业的内容创新；或通过民族文化、地域文化等历史文化资源的传播和承续，再结合新颖的现代文化创造出内容的创新。总之，文化产业的内容创新是一个逐渐形成的过程，是文化的内涵和外延不断扩展和转化的过程，并且在文化产业化的过程中，不断扩展文化的品牌效应和市场占有份额，从而扩大文化的影响力和凝聚力。第四，文化产业的内容创新应当非常重视创意，它比普通产品更加强调个性化的情感色彩，强调人的情感投入，同时进一步激发出更多、更好的创意，借助人们的联想和想象，创造出比现实世界更加丰富多彩、如梦如幻的世界。正如迪士尼、梦工厂一样，通过内容的创新，创造出一个让人们无比向往的梦想世界，最终使他们获得巨大的成功。内容创新是文化产业创新的根本。文化产业界一直就有内容为王的说法，英特尔公司前总裁葛鲁夫也说过这样一句话："整个世界将会展开争夺眼球的战役，谁能吸引更多的注意力，谁就能成为21世纪的主宰。"①

通过文化产业的内容创新实现中国传统文化的品牌化，是中国文化产业安全的保障。中国传统文化的品牌化是文化产业品牌化的结果，是文化的产业效益和与精神价值的共同集结，拥有无形和有形的双重资产。而所有的文化品牌都有一个原生文化背景支撑着，一个文化品牌的创立与发掘，实质是通过创意进一步挖掘文化的内涵，重点围绕文化的重新解读而展开。文化内容的创新和文化品牌的建立，可以通过以下两条路径实现。其一，"是对原有文化的发掘，从历史的、民族的、民间的、现有的各种人文奇观中发掘出具有深厚文化和内涵与底蕴的文化品牌"。② 在对传统文化进行发掘的过程中，不能脱离传统文化产生的时代背景，必须重视和强调文化内容的地域性解读。同时要认真对待所开发的文化物品，把握文化物品的文化个性，并根据传统文化的意蕴给予创造性发挥。其二，运用创意开创一个富有现代气息、不同于传统文化的文化内容，创意必须立足于现实的梦想。比如"大红陶瓷""云南映象"就是通过创意取得成功的典型案例。

① 刘鹏：《竞争时代的报纸策略》，山东人民出版社，2005，第113页。

② 吕学武、范周：《文化创意产业前沿——理论、碰撞与交融》，中国传媒大学出版社，2007，第72页。

运用文化产业的内容创新实现对中国丰富文化资源的有效开发是中国文化产业安全的前提。中国文化产业发展面临着许多问题，其中的关键问题是缺乏具有创新性内容的、能够占领国际市场的文化产品，这一问题对我国文化产业的国际竞争力产生了重要影响，阻碍了我国文化产业的健康、快速发展，涉及我国文化资源的安全问题。比如我国民众熟悉的传统文化资源花木兰的故事被美国的迪士尼搬上了银幕，更有甚者，公认的中国文化资源如《孙子兵法》《西游记》《天仙配》《成吉思汗》《杨家将》《三国演义》等都相继被外国文化公司盯上，并将有可能演变为外国的文化品牌。中国传统文化资源在被外国开发利用的同时，我国广大民众每年对文化的消费需求却得不到满足，国内文化企业的文化生产能力严重不足，我国每年都进口大量的电影、电视剧、动画片、网络游戏等文化产品，致使中国的文化产业存在严重的贸易逆差，中国文化产业还是一个不成熟的产业，中国文化产业的内容创新尚需要培育和发展。培育和发展文化产业内容创新的任务非常艰巨并十分紧迫。中华炎黄文化研究会会长许嘉璐认为，中国文化产业的发展繁荣需要与中国传统的文化资源紧密相连。中国文化产业一定要兴旺，这需要学者、企业家和受众一起研究。中华文化产业的繁荣发展，关键在于文化的内涵根植于中国的本土，在于中国的事、中国的人、中国的土地所包含的精神内涵是中华民族固有的。同时，要广泛吸收异质文化中的精华。文化产业要根植于本土，需要对中国传统文化进行深刻的把握和体验。

北京大学文化产业研究院院长叶朗认为，中国文化产业的内容创新是增强文化吸引力和影响力的基础。中国的崛起必将首先是文化的崛起，中国文化必将在精神层面上影响世界。中国要成为文化强国，必将要求整个社会、整个民族拥有高尚的文化精神追求，就是要对我国的民众提出更高的文明素质要求，也就是要丰富和提升我国的民族精神；中国要成为文化强国，必定需要通过学校教育、新闻媒体、文化艺术等途径在全社会营造一种健康向上的文化环境，将广大民众培养成为有教养的人；文化的吸引力就是文化的软实力，中国要开通多种渠道向国际社会传播优秀的传统文化，如中国传统的哲学和艺术，使国际社会认识到中国传统文化蕴藏着的丰富内涵，如尊重自然、热爱生命、祈求和平、优雅大度、开放包容、生生不息、美善相乐等；文化强国需要产生一批有国际影响力的文化大家、艺术大家，需要有系列的文化经典、艺术经典走出国门。大力发展文化产业，要将文化产业的内容建设提到战略高度，追求艺术和高科技的融合，要把发展文化产业和解决民生问题结合起来。

二　文化内容创新对中国文化产业安全的影响态势分析

（一）文化内容创新增强了文化产业安全的影响力

自从 2003 年文化单位转企改制以来，由中宣部主办的精神文明建设“五个一工程”共评选了四次，一大批弘扬时代主旋律、具有鲜明时代特色的文化精品脱颖而出。2014 年 9 月评选出的十三届精神文明建设“五个一工程”的优秀作品是近两年新出版的文艺作品，共有27部电影、30部电视剧、6部动画片、9部电视纪录片、33部戏剧、31首歌曲、22部广播剧、28种图书被选上。获奖的186部文艺作品包含了各文艺门类中的优秀作品，代表了近年来我国文艺创作的最高成就，凝结了广大文艺创作者的心血，是文艺工作者们奉献给广大人民群众的优秀精神食粮（见表1）。

表1　第十三届精神文明建设“五个一工程”（2012～2014年）获奖作品情况

类别	数量	作品名称
电影	27部	《中国合伙人》《周恩来的四个昼夜》《一号目标》《永远的焦裕禄》《真爱》《天上的菊美》《兰辉》《百鸟朝凤》《索道医生》《警察日记》《一代宗师》《西藏天空》《毛泽东与齐白石》《雷锋在1959》《甘南情歌》《目标战》《走过雪山草地》《全民目击》《张丽莉老师的故事》《听风者》《衍香》《世界屋脊的歌声》《洋妞到我家》《一八九四·甲午大海战》《青春派》《近距离击杀》《英雄之战》
电视剧	30部	《毛泽东》《历史转折中的邓小平》《焦裕禄》《温州一家人》《老有所依》《原乡》《寻路》《推拿》《有你才幸福》《先遣连》《大路上》《聂荣臻》《青果巷》《杨善洲》《父母爱情》《木府风云》《大河儿女》《营盘镇警事》《刘伯承元帅》《闯关东前传》《国家命运》《陈云》《阿娜尔罕》《我的土地我的家》《幸福生活万年长》《火蓝刀锋》《茶颂》《领袖》《我的故乡晋察冀》《西藏秘密》
戏剧	33部	豫剧《焦裕禄》、京剧《将军道》、越剧《我的娘姨我的娘》、河北梆子《六世班禅》、汉剧《宇宙锋》、龙江剧《鲜儿》、秦腔《花儿声声》、黄梅戏《小乔初嫁》、沪剧《挑山女人》、桂剧《七步吟》、芗剧《保婴记》、湘剧《谭嗣同》、滇剧《水莽草》、吉剧《站醒台》、陇剧《西狭长歌》、评剧《赵锦棠》、话剧《红旗渠》、话剧《兵者·国之大事》、话剧《国家的孩子》、话剧《活在阳光下》、话剧《徽商传奇》、儿童剧《想飞的孩子》、话剧《幸存者》、舞剧《粉墨春秋》、舞剧《红高粱》、舞剧《丹顶鹤》、歌舞剧《情暖天山》、歌剧《红帮裁缝》、歌剧《大汉苏武》、歌剧《回家》、音乐剧《妈妈再爱我一次》、歌舞诗《仰欧桑》、音乐剧《西关小姐》

续表

类别	数量	作品名称
动画片	6 部	《新大头儿子和小头爸爸》《熊出没之夺宝熊兵》《青蛙王国》《大角牛梦工场》《冲锋号》《终极大冒险》
电视纪录片	9 部	《习仲勋》《舌尖上的中国Ⅰ》《伟大的抗美援朝》《楚国八百年》《船政学堂》《走进和田》《大黄山》《海之南》《东北抗联》
广播剧	22 部	《重整河山待后生》《让我陪你看夕阳》《我有一片阳光》《大庆人在非洲》《野鸭岛》《一个县委书记的担当》《本色》《爸爸的脊梁》《格桑花开》《中国船长》《疍家小渔村》《照片中的回忆》《你的飞翔我的梦》《雪域彩虹》《宗旨》《默默流淌的爱》《跨越海峡的追寻》《海螺心》《打工局长》《父亲》《种树人》《马兰谣》
歌曲	31 首	《我们的中国梦》《天下百姓》《时间都去哪儿了》《乘梦飞翔》《春暖花开》《湘江飞出一首歌》《放飞梦想》《老阿姨》《江河恋》《儿女情长》《光荣与梦想》《天耀中华》《把爱捧给你》《为什么跟你走》《春雨江南》《土豆花儿开》《同志们》《海峡月光曲》《强军战歌》《旗帜》《老百姓的爱》《丝路放歌》《老井》《净土》《云贵高原》《天地人心》《爱的眼神》《屯垦爹娘》《百年一梦》《小村人的婚礼》《北京时间》
图书	28 种	《兴国之魂——社会主义核心价值体系释讲》《梦焰》《国家记忆——一本〈共产党宣言〉的中国传奇》《念书的孩子》《玉米人》《少年的荣耀》《梦想照亮生活——盲人穆孟杰和他的特教学校》《凤凰的山谷》《中国为什么还需要马克思主义——答关于马克思主义的十大疑问》《回家》《繁花》《编外雷锋团》《上庄记》《美德照亮人生》《瓷上中国—China 与两个 china》《百年钟声——香港沉思录》《今天,我们怎样走群众路线》《援疆干部》《这边风景》《让兰辉告诉世界》《少年与海》《马兰花开》《国家的儿子》《理想信念的理论支撑》《小水的除夕》《女子中队》《大美昆曲》《淬火青春——大学生从军报告》

资料来源：根据新华网相关资料整理。

从表1所列获奖作品中可以获得重要的启示。第一，一部好作品的关键是内容的新颖和健康，立意的深刻和高远。比如电视剧《毛泽东》，剧情精彩地展现了毛泽东同志从青少年、青年到中年的学习和事业的奋斗历程，凸显了历史事实与艺术加工有机结合的手法，使《毛泽东》成为一部内容充实、充满正能量的伟人传记经典之作。电视剧《历史转折中的邓小平》充分展现了改革开放前期，邓小平同志探索中国繁荣富强的发展之路，创造性地开展中国特色社会主义的光辉历程，电视剧播放后引发了强烈的反响，社会上的评论都非常好，显示电视剧良好的社会影响力，被称为中国电视剧发展史上的经典作品。电影《兰辉》和《天上的菊美》都以国家政府官员为素材，歌颂政府官员一心为民的公仆精神，受到广大电视观众的好评，收到良好的收视效果。第二，创新是文艺创作的不竭动力。电视纪录片《舌尖上的中国Ⅰ》展现出东方美食之中的文化传统，受到海内外大量观众的追捧，不仅产生了巨大的影响力，而且进一步展示了中华传统文化的魅力。电影《一代宗师》以古典美学为视角，成功阐释了中华武侠的风采。电影《听风者》融合了革命历史题材和谍战的惊险风格，塑造出忠贞爱国、机智勇敢、大义凛然的特工群像，令观众耳目一新。这些作品通过文化的内容创新，将中华传统文化与现代风格相结合，弘扬了中华民族的文化特性和文化内涵，进一步提升了中国文化产业安全度。第三，作品在内容上贴近实际、贴近生活、贴近群众，受到广大民众的喜爱成为作品入选的前提。例如，电视剧《老有所依》从当代青年人的视角关注“养老”话题，作品受到广泛好评，节目不仅被十多家电视台争相热播，而且版权输出非洲、欧美等地，扩展了中国文化产业的国际影响力；又如电影《青春派》以高考家庭的故事为素材，网上点击量超过 6000 万次。第四，获奖作品需要经受住群众的检验，并获得社会的广泛认可。该届获奖作品除了票房收入外，演出场次、发行的数量、影响力的大小都是入选“五个一工程”精品佳作的重要衡量指标。

从以上的启示可以看出，通过传播中国传统文化来加强民族精神的文化认同和文化自觉，通过文化内容的创新来体现现代化的时代理念，成为目前文化产业发展的主要态势。特别是“关注现实”“打造精品”“还戏于民”成为文艺创作的共同追求，广大文艺工作者逐渐认识到中国传统文化源远流长、博大精深，其包含的思想精华和道德精神是孕育社会主义核心价值观的重要资源；如果文艺工作者在创作中漠视中国传统文化，其文化作品必定会失去生命力和影响力。

十三届“五个一工程”获奖作品，如《索道医生》《父母爱情》等优秀文艺作品进一步展现了中国文化产业的繁荣和发展。“五个一工程”的实施，推动了我国文化产业的社会影响力，成为我国文化产品创作生产的标杆和示范，成为中国文化产业的重要内容，成为我国文艺人才培养的重要基地，更成为我国的国家文化品牌。

（二）文化内容创新增强了中华传统文化的国际竞争力

中华传统文化具有强大的生命力。历史上，每当汉族被游牧民族以武力征服之后，游牧民族最终却在文化上被汉族所征服。中国传统文化具有强大的吸纳能力，它能吸纳各种异质文化并将其铸造成一个稳固的文化统一体。与世界上其他古老文明解体后的命运结局不同，每次中国的统一中央政权解体之后，经过或长或短的历史分裂之后，最终都能在中华文化的统一体下形成一个规模更大的政权统一体。在新的政权统一体中，不论是中华民族还是中华民族的地域空间，都会大大地得以拓展。中华民族就是通过这一独特方式不断发展起来的。中华传统文化是中华民族的精神家园，弘扬传统文化不仅是文化产业发展的基础，而且是中华民族在全球化时代保持民族特性的需要。

2014 年，中国文化产业的内容创新以中华传统文化为载体，以传统文化的资源开发和产业化转化为途径，将中华传统文化资源的存量转化为文化产业发展的增量，不仅进一步增强了文化产业的总产值，而且进一步增强了中国文化产业在国际市场上的国际竞争力。随着纪录片《舌尖上的中国Ⅰ》的播出，“如何用电视艺术的手法进行包装，将传统文化内核与时尚流行元素融合成为电视媒介创新的重要思路”。[①] 在互联网的时代，当人们习惯于利用各种新媒体进行沟通交流时，中国传统的书写文化正逐渐被人们所忽视和遗忘。在这种时代背景下，《汉字英雄》节目主动承担起文化自觉的使命，利用绵薄之力帮助观众重新重视汉字，感受中国汉字的文化魅力，成功实现了将中国优秀传统文化搬上银幕，实现与当代电视内容的对接，确实值得肯定。在网络媒体

① 李翔：《创意精彩 内容优质 取向积极——2013 中国电视真人秀节目创新大点评》，《媒介批评》2014 年第 5 期，第 53 页。

盛行的时代，《汉字英雄》让电视观众能够再次回味中国传统文化的魅力，让传统文化的内容表达找到了新的呈现方式。这些创新节目的价值取向积极向上，本身就是推动国家和社会进步的正能量。①

2015年，广东传统文化传承与产业发展峰会在文博会举行。这次峰会由广东省文化厅和中山市政府指导，由广东省文化产业促进会、中山市文广新局、红博城等单位主办。中山市文广新局局长罗建华介绍了中山文化产业发展情况。他说作为国家历史文化名城，中山市高度重视传统文化的传承与发展，在推动特色文化产业发展方面，先后培育出大涌红木文化产业、游戏游艺产业和灯饰文化产业等特色文化产业品牌。文化产业与传统文化的结合使中山市文化产业获得巨大的发展，2014年中山特色文化产业增加值超过130亿元。在经济增长进入“新常态”的形势下，中山市会更加注重以文化引领经济社会发展，全面推动传统文化与制造业、信息服务业、旅游业等各行业的融合，已投资70多亿元建设“两城一园”特色文化产业园区，将传统文化资源存量转化为文化产业发展增量。其中，总投资达48亿元的大涌红木文化博览城是中山以传统红木文化为载体，通过“文化+工艺”来推动新型专业镇产业集群创新发展的重要举措。在该届深圳文博会上，中山以大涌红木文化博览城为组团核心，集中展示中山红木文化传承与发展的新成果、新动态和新规划。未来，中山将进一步实

① 李翔：《创意精彩 内容优质 取向积极——2013中国电视真人秀节目创新大点评》，《媒介批评》2014年第5期，第54页。

施文化引领战略，把本土的红木文化、灯饰文化和菊花文化等传统文化发扬光大。

（三）文化内容产业比重的加大增强了文化产业的核心竞争力

文化产业的核心层主要是指文化内容产业，文化产业的外围层主要是指文化旅游业、文化制造业、文化复制业、视听设备生产等。长期以来，由于我国具有创新意识的创意人才和与国际接轨的高端文化人才不足，以及文化科技自主研发能力落后，我国文化产业的发展一直停留在容易开发的外围层和相关层，“在一些地区，外围层和相关层文化产业甚至占到当地文化产业增加值的 80% 以上，而涉及文化产业核心层的文化内容产业则相对较弱，创造的产值较低”。[①] 文化内容产业属于文化产业的核心产业，随着文化产业结构的优化，内容创新部分比例的提升，文化内容产业的总产值将会逐渐提升，其所占文化产业的总产值的比重将逐渐加大，文化产品走出国门的比重加大，在国际市场上所占的份额提升。比如作为文化内容产业的网络文学和电影，其产值有了明显的提升。从市场体量上看，2013 年中国网络文学市场的收入规模达 46.3 亿元，预计到 2014 年年底，中国网络文学市场的整体规模将突破 70 亿元。而 2014 年，中国的电影市场总票房达到了 296 亿元，已经成为世界第二大电影市场；中国游戏市

① 北京印刷学院文化产业安全研究院主编《中国文化产业安全报告（2014）》，社会科学文献出版社，2014，第 43 页。

场用户数量约5.17亿人，实际销售收入达到1144.8亿元人民币。在如此繁荣的市场形势下，网络巨头纷纷涉足网络文学领域，向版权掘金，借力于文化产业的内容创新，致力于打造广泛融合的娱乐产业。在此过程中，由一部作品作为起点而形成的发散型商业形态逐步呈现，各路资本也纷纷介入，借此纷纷开启了全版权运营模式。

2015年5月，第七届“中国文化企业30强”评选结果正式揭晓。该届入选的文化企业包含文化艺术类、广播影视类、出版发行类、文化科技类等类别，该届入选“中国文化企业30强”的企业以文化内容产业为主，这表明文化产业正在通过内容产业的发展进步实现文化产业的结构优化，正在运用科技等新兴要素发展新兴业态，文化产业正在实现结构的进一步优化升级，我国文化产业对经济增长的带动作用进一步凸显。近几年来，我国文化产业的价值增长非常迅速，文化产业总产值占GDP的比重从2004年的2.15%增长到2014年的3.77%，文化产业在国民经济发展中的比重逐渐提高。文化产业在经济转型过程中起到举足轻重的作用，文化产业与第一、第二产业门类实现多元融合，成为经济转型发展的新动力（见图1）。

第七届“中国文化企业30强”的选择指标增加了“出口总额”一项，这项指标是该届入选企业增速最快的指标，该届入选“30强”的企业共有23家开展了出口业务，比上届增加了3家，实现总出口总额52亿元，比上届增长33%。随着文化企业“走出去”步伐的不断加速，文化企业在为国家的国际交往战略服务方面、在提高中华文化的国际影响力方面都发挥着越来越大的作

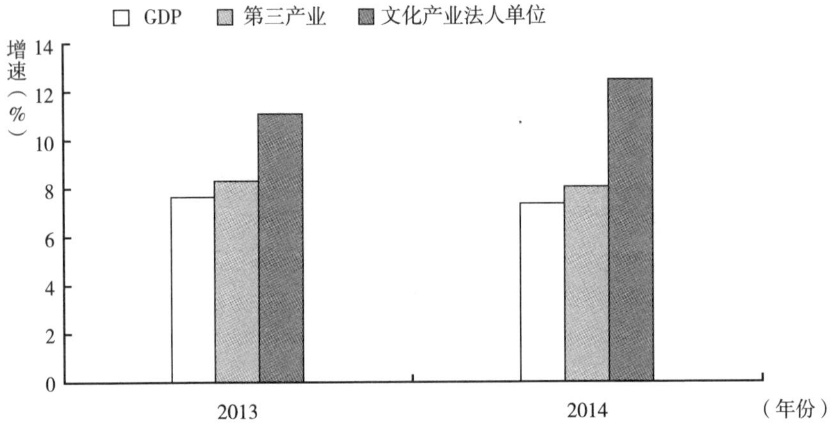

图1　近两年来GDP、第三产业、文化产业法人单位增加值的增速状况

用。由此可见，文化内容产业走出国门的比重加大，国际的影响力和竞争力提升。2014 年，在第六届“中国文化企业 30 强”的评选中，认定标准强调了企业获奖指标和出口指标，体现了政府对文化企业的方向指引，即文化企业既要确保把社会效益放在首位又要实现社会效益和经济效益相统一的目标，也体现了对文化企业“走出去”的鼓励支持。在当年的名单中，完美世界自 2011 年入选“中国文化企业 30 强”名单后，于 2014 年第四次当选。在 2015 年的第七届“中国文化企业 30 强”名单中我们发现，优势文化企业的规模和发展程度进一步提升，市场占有份额不断增强，文化产业市场竞争力增强，发展潜力巨大。与此同时，民营文化企业入选数量有所增加，反映了民营文化企业正逐步成为推动文化产业发展的重要力量。不仅如此，完美世界第五次当选，已成为“中国文化企业 30 强”中民营企业一道亮丽的风景线。

三　文化内容创新方面存在的问题对中国文化产业安全的威胁

（一）文化产业内容的非法复制和侵权行为对文化产业安全的威胁

文化产业是内容为王的产业，对内容产权的保护是文化产业安全的保障。长期以来，文化产业存在知识产权保护不力，侵犯知识产权形势严峻。为了更加有利于文化产业的内容创新，保护知识产权的权益、保护数字版权、规范网络转载的管理、支持依法维权、严惩侵权盗版等的行为，国家政府有关部门加大执法力度，及时发现并收缴各类非法报刊，坚决打击各种非法网络媒体和新闻欺骗行为。全国“扫黄打非”办公室、国家互联网信息办公室、工业和信息化部、公安部联合开展专项打击行动，自2014年4月中旬至11月，在全国范围内开展打击网上淫秽色情信息，即“扫黄打非·净网2014”专项行动。这次专项打击行动全面清查了网上淫秽色情信息，在清查的基础上，依法惩罚了传播淫秽色情信息的企业和相关人员，严肃处理并追究管理人员的失职渎职责任。同时，全国“扫黄打非”办公室和国家新闻出版广电总局也联合开展专项行动，2014年3月中旬至9月在全国组织开展打击假媒体、假记者站、假记者等专项行动，即“扫黄打非·秋风2014”专项行动。表2列出了2013～2014年全国“扫黄打非”的一些数据。

表 2　2013 ~ 2014 年全国"扫黄打非"数据

序号	2013 年数据	2014 年数据
1	全国共收缴各类非法出版物 2053 万件	全国共收缴各类非法出版物 1579 万件
2	全国共查处各类案件 1 万余起	全国共查处各类案件 8000 余起
3	全国"扫黄打非"办公室联合举报中心共受理网上淫秽色情信息的举报线索 6 万余条	全国"扫黄打非"办公室联合举报中心共受理网上淫秽色情信息的举报线索 8 万余条
4	全国共查处各类"扫黄打非"案件 1 万余起	全国共查处各类"扫黄打非"案件 8344 起
5	查处涉案金额达千元以上的侵权盗版案件 7 起	全国"扫黄打非"办公室单独或与其他部门联合督办各类"扫黄打非"案件共 96 起
6	全国共收缴淫秽色情出版物 67 万件	世界知识产权日当天，全国集中销毁侵权盗版及非法出版物 2041 万件
7	山西运城"9·20"假记者案涉案人被判处有期徒刑 10 年	江苏徐州"8·19"系列网络敲诈勒索案中，以敲诈勒索罪判处主犯有期徒刑 14 年
8	湖北荆州"5·24"非法外挂案被处罚金 600 万元	河南洛阳"8·23"假冒记者敲诈案中，以敲诈勒索罪判处 17 人有期徒刑
9	对未经批准擅自从事动漫音像制品的北京漫动天地文化传媒公司处以罚款 23 万元	北京新浪互联信息服务有限公司传播淫秽色情信息案中依法停止其从事互联网出版和网络传播视听业务，并罚款 508 万元

资料来源：全国"扫黄打非"办公室。

从以上的数据可以看出，我国内容不健康的出版物及其他文化产品总量依然很多，非法经营文化产品的犯罪案件依然居高不下，侵犯知识产权的形势严峻，这种低成本、高收益的网络侵权行为严重侵害了文化产业中的企业和个人内容创新的积极性，这必将威胁到文化产业的核心竞争力，威胁到文化产业的安全问题。以国内知名文学网站盛大文学为例，数据显示，其开发的版权追踪系统，已追踪到近1.4万个盗版网站，盗版链接数量高达1236万条。盛大文学所有的签约、独家版权作品都已经被盗版。[①] 海关总署发布《2014年中国海关知识产权保护状况》，该报告显示：2014年中国海关采用知识产权保护措施2.7万余次，检查和扣留进出口侵权嫌疑货物近2.4万批，涉及的商品近9200万件，较2013年同比分别增长14.03%、16.59%和21.09%。为贯彻落实国家关于鼓励创新和扩大出口的方针，各地海关加大查缉侵犯国内自主知识产权进出口货物的工作力度。2014年，我国海关共查获涉嫌侵犯自主知识产权的进出口货物514批，扣留侵权嫌疑商品近1200万件，价值为7400余万元。我国企业在2014年受海关保护的知识产权权利人来源中居于前列。[②] 国家知识产权局发布的《2014年中国知识产权综合发展状况评价报告》（以下简称《报告》）显示，全国知识产权的受重视程度和发展水平有明显提高，在国际排名中有所进步。2008～2013年，综合排名从世界第19名升至第9名，能力和绩效处于第3位。但知识产权环境成为短板，排名仅居第30位。《报告》显示，2014年全国知识产权综合发展水平进一步提高。从知识产权能力、绩效、环境3个一级指标来看，我国知识产权能力和绩效排在第3位，而知识产权环境排名仅为第30位，环境成为我国知识产权最突出的短板。韩秀

---

① 《盛大文学呼吁严把入网关 严打网络侵权行为》，http：//net. chinabyte. com/321/12603321. shtml。

② 资料来源：国家知识产权战略网。

成认为，违法成本低、有法不依、执法不力，是造成这一现状的主要原因。[①]

（二）文化内容的媚俗化和意识形态化对文化产业国际竞争力的威胁

全球化时代文化产业的发展繁荣与一国文化产业的国际竞争力息息相关，而我国现阶段文化产业内容的创新性不足，以及由单纯追求利润所造成的文化内容的媚俗化和意识形态化的特征对我国文化产业的国际竞争力产生一定的威胁。关于产业的国际竞争力，有的学者认为，“产业竞争力实质上就是本国产业与外国产业在国际和国内两个市场上对市场份额的争夺能力”；也有的学者认为，“产业竞争力就是一定环境下产业自我生存和发展的能力”。[②] 产业国际竞争力是一个国家、地区综合竞争力在各产业中的具体体现。一国某产业的主导企业或多数企业所具有的竞争力水平，决定了该国某产业的竞争力水平。根据上述内容的总结，本文指出，产业国际竞争力是某产业比国外的同类产业以更有效的方式提供市场所需要的产品和服务的能力时，其产品或服务为全球市场所接受的优势程度。[③]

我国已经成为世界主要出版大国，每年的出版数量跃居世界前列，但是中国出版物的年销售额较低，仅为 60 多亿美元。而国外的培生集团 2004 年出版物销售总额就达到了 70 亿美元，汤姆森集

---

① 《我国知识产权综合排名跃至世界第九 产权环境成为短板》，中国经济网。

② 李孟刚：《产业安全理论研究》（第三版），经济科学出版社，2012，第 283 页。

③ 李孟刚：《产业安全理论研究》（第三版），经济科学出版社，2012，第 289 页。

团2005年出版物销售总额也达到了80亿美元，其数量远远超过了我国出版物出售的总额。我国每年生产的电视剧数量位居世界第一，动画片数量位居世界第一，生产的电影数量位居世界第三，但能够走出国门、在国际市场上产生重要影响的作品并不多。

（三）文化内容的趋同化和单调性对文化产业控制力的威胁

产业控制力主要研究外资通过股权、技术、品牌、经营权、决策权的控制而对东道国的产业安全产生的影响和应对措施。在全球化时代，是否大力弘扬文化产业和培育民族精神不仅关系到文化影响力的大小，而且关系到中华民族的生死存亡。面对全球文化产业的蓬勃发展，面对世界范围内各种思想文化的相互激荡，文化产业内容一旦丧失了民族特性和民族精神，一旦丧失了积极向上的力量和精神风貌，必然导致本民族文化产业影响力的减弱，甚至使本民族的文化走向衰落，威胁文化产业安全。

目前大众文化产品的生产难题是内容狭窄、思想肤浅、精神孱弱。以电影产业为例，我国电影的年生产能力已经达到三四百部，但是真正能够吸引民众，引起观众共鸣，又能取得良好经济效益和社会效益并走向世界展示中华文化风貌的作品寥寥无几。其主要原因在于没有好的故事内涵，精神内核的缺失导致即使阵容再强大，也只能沦为过眼云烟。文化产业的内容创新是文化产业的核心竞争力，文化产业如果缺乏内容的创新，必将造成文化内容的单调和缺乏深意，致使文化产业的核心竞争力缺失，乃至在国际市场上缺乏市场控制力。文化产品内容的趋同性和单调性成为文化产业安全的最大威胁。

四　文化内容创新的对策与建议

（一）文化内容创新坚持民族性与时代性相结合的导向

由科技部、财政部、文化部联合出台的《国家文化科技创新纲要》指出，文化产业的特点是具有鲜明的区域性和民族特色，因此，外来文化一般难以在短时间内迅速扩张。文化产业的这一特点有利于我国文化产业借助我国丰富的文化资源独立自主地发展，有利于我国文化产业借助国内庞大的文化消费市场获得快速发展，并有利于我国文化产业通过文化和科技的融合创新弘扬中国优秀传统文化，掌握中国文化产业发展的主导权和控制权，迅速提升我国文化产业的国际竞争力。由此可见，文化产业应该坚持民族特色，大力弘扬优秀传统文化。

大众文化通过内容创新提升文化品位，壮大文化产业，从而提升中国文化产业的影响力。大众文化具有时尚性、娱乐性、消费性和商品性，从而成为文化产业的主体。大众文化需要汲取主流文化和传统文化的长处，结合优势发展自我，实现文化内容的创新，使大众文化真正成为提升民众生活品位、丰富民众精神生活的重要领域和途径，以此满足民众精神生活的需求，充分占有国内文化产业的市场份额。大众文化的内容创新需要做到民族性与时代性相结合，不断提升大众文化产品的思想内涵和艺术品位。我国有着悠久的传统文化，如何以本土传统文化为基础，创造出具有现代品格的内容产业，是新的历史时期中国打造大众文化品牌并使中国大众文化产品更好地走向世界的根本保证。文化产业的内容创新既不能丢掉中华文化的传统血脉，又必须用现代思维来关照和处理传统文化资源。比如在音乐产业方面，引导推动音乐产品创新，丰富音乐文化遗产产业的文化内涵。丰富的民间艺术是音乐文化遗产的创作源泉，通过加大研发投入力度，借助现代科技手段，实现古老艺术重新绽放光芒。现阶段，将音乐文化遗产的传统元素应用到文化产业的开发上，已经有很多成功的经验。比如梁祝传说、京剧打虎上山等用小提琴曲等表达方式来诠释，比如地方政府开发富有区域特色的建筑，融入现代风格的高科技手段，打造具有民族特色、地域特点的旅游项目。将音乐创作、音乐表演、戏曲曲艺等文化遗产用现代技术手段制作成富有特色的音像制品，解除传统中具体的个人和具体故事等的限制，制作富有生活气息和大众趣味的大众化文艺作品，以此形成独特的品牌，给大众以精神上的愉悦，并用现代人喜闻乐见的艺术形式进行营销推广，充分挖掘音乐文化遗产的价值，展现音乐文化遗产的魅力。这些无疑都是音乐文化遗产开发的成功经验。

（二）文化内容创新需要在科技的助力下实现腾飞

2012 年 6 月，科技部联合中宣部、财政部、文化部、广电总局、新闻出版总署，共同组织编制了《国家文化科技创新工程纲要》，《国家文化科技创新工程纲要》充分发挥了科技对文化产业发展的重要作用，推进了文化的科技创新，由此科技与文化融合的态势基本形成，高科技浪潮不仅提升了传统文化产业的技术水平，而且优化了文化产业的文化形态和文化业态。科技已经运用到文化产品的研发创作、组织生产、新闻传播和大众消费的各个环节，成为文化产业发展的重要助力。文化产业国际化竞争加剧，发达国家凭借其雄厚的经济和科技实力，文化传播能力日益增强，发达国家的文化产品几乎覆盖全球，国际化竞争日趋激烈，由此也对发展中国家的民族传统文化和价值理念带来冲击。《国家文化科技创新工程纲要》重点提出了我国文化产业与科技创新的总体目标，指出“到2015年，文化科技共性支撑技术取得重要突破，科技对文化产业的带动作用明显提高，以文化和科技融合示范基地为主体的产业化载体建设全面推进……到2020年，文化和科技深度融合，科技创新成为文化发展的核心支撑和重要引擎。文化科技发展环境不断完善，文化科技创新充满活力，高素质文化科技人才队伍发展壮大，文化科技创新体系得到完善，文化和科技融合示范基地成为文化产业的重要载体”。[①]《国家文化科技创新工程纲要》的出台，促进了文化产业在科技辅助下的内容创新，各省份也根据自身的特色和条件对纲要进行了完善和解读。

2014年7月，《国家文化科技创新工程西部行动方案》出台，指出我国西部地区地域辽阔、文化资源丰富，具有发展文化产业的良好基础条件和巨大的市场空间。近年来，西部地区大力发展文化产业，2012年实现文化产业增加值3149.2亿元，占地区GDP比重达到2.76%。但与其他地区相比，西部地区在文化科技创新、文化资源挖掘和开发利用、新兴文化业态发展等方面还存在较大差距，制约着文化产业的发展和新兴文化消费市场的形成。《国家文

① 科技部、财政部、文化部等：《国家文化科技创新工程纲要》。

化科技创新工程西部行动方案》进一步强调充分挖掘西部地区丰富的民族传统文化和特色文化资源，制定西部文化资源和数字化通用技术标准规范，研究民族文化资源基因库的提取、分类、信息标注和检索等技术，构建西部民族文化资源基因库，促进文化资源整合和共享；强化文化资源的开发利用，基于大数据分析、虚拟现实等现代网络信息和数字化技术手段，开展文化资源信息集成、工艺再造等技术集成应用，提升民族语言文字的信息化应用，促进民族音乐资源和衍生产品开发运营，提高民族文化资源数字典藏的体验和推广水平。正如中央财经大学魏鹏举所说，文化产业的发展需要实施一体两翼，一体就是以内容为本体，内容一直是文化产业最核心的价值。但是仅有内容不能给文化产业带来市场上的繁荣和资本上的收益，所以还需要两翼，两翼就是资本之翼和科技之翼，只有实现两翼与一体的结合，才能真正实现文化产业的腾飞。

（三）加强创新理念的培养，在文化产业中推行以创意为主体的创新机制

创新是文化产业发展的不竭动力，如何打造文化产业的创新能力、从哪几个方面着手创新文化产业是问题的难点。国家新闻出版广电总局原副署长石峰将传媒创新概括为内容创新、载体创新、经营创新和政策创新四大部分。[①]

文化传媒产业的内容创新主要表现在四个方面。一是追求新闻

---

① 石峰：《创新是传媒业发展的不竭动力——在首届中国传媒创新年会上的讲话》，《传媒》2006 年第 4 期。

的价值本位，“传媒只有不断寻求新的报道来源、新的报道手段、新的报道角度，才能做出真正具有新闻价值的内容，在激烈的竞争中得以存活。”[①] 二是创立新闻媒体自己的文化品牌。南方报业传媒集团原社长范以锦这样阐述“品牌媒体创新力量”：“创办具有品牌影响的媒体，把已有一定品牌影响力的媒体群推向不同的细分市场，并不断提升它的品牌价值，使媒体赢得竞争，达到集团价值的最大化的优势，就是南方报业的核心竞争力。”[②] 媒体的竞争是争夺顾客市场的竞争，实质上也是媒体品牌的竞争，传媒都应该有自身的定位和品牌经营。文化产业需要自己的品牌，拥有深受受众欢迎的文化媒体品牌，才能拥有顾客的忠诚度，才能拥有强大的竞争力和影响力。这需要文化传媒行业整体的苦心经营和对内容的严格把关。三是加强出版传媒产业方面的创新。新媒体的技术优势和传统媒体的内容优势相互融合，是文化传媒产业创新发展的方向，实现报纸等纸质媒体和数字化技术融合，其内容的空间延展性、个性化、互动性等问题将会得到解决。再者，利用自身的文化媒体品牌影响，一定能在人们心中建立较高的权威性和可信度，这是后崛起的网络媒体所不可替代的。[③] 四是文化媒体中广告内容和广告品味的提升。现在很多纸质媒体和电子媒体都刊登着许多低俗广告，内容不仅庸俗而且毫无艺术性可言。文化传播媒体的内容创新是产业创新的根本，也是文化传播媒体提高核心竞争力的关键。在新兴

① 文舒：《浅谈传媒内容创新的四个“着力点”》，《新闻知识》2013 年第 3 期，第 90 页。

② 范以锦：《南方报业战略》，南方日报出版社，2005，第 35 页。

③ 吴定勇、庹继光：《报纸未来：手机报还是电子纸？——首届中国传媒创新年会综述》，《西南民族大学学报》（人文社科版）2006 年第 27 期，第 4 页。

媒体和国际传媒产业的双重挑战和压力下，我国传统文化传播媒体的内容创新面临挑战和机遇。

中国电影产业近年来业绩不俗。然而在市场不断扩大和票房持续攀升的背后，隐藏的是审查与分级的管理方式决策、商业与艺术的创作重心取舍、历史与现实题材的路线选择和金牛与明星的业务战略布局四重挑战，并由此生发出现代社会问题的闹剧式生猛书写、回避现实的都市小人物轻松喜剧、醉心于历史与神话人物的内心刺探和避险与票房动机下续集作品泛滥四种无可奈何却又个性鲜明的选材视角和执导风格。[①]

坚持文化产业内容创新的生产和服务，在文化产业的发展中，始终坚持贴近民众的需求，严格把关质量，把传统出版传媒产业的内容资源优势融合到新兴出版传媒产业中，更好地发挥出版传媒产业的舆论引导、思想传播和文化传承的作用。探索出版传媒产业的数字化改造，形成选题策划、协同编辑、结构化加工、全媒体资源管理等一体化内容生产平台，推动出版传媒产业的内容生产实现实时生产、数据化生产、用户参与生产，实现内容生产模式的创新。顺应互联网传播发展的趋势，综合运用新媒体形式，生产出能够满足用户多样需求的新型产品，实现产品的多终端传播。树立以顾客为中心的营销理念和顾客至上的服务意识，在出版传媒产品的宣传推广中既做到按需提供服务、精准推送产品，又做到在互动中加强与顾客的交流，不断提升顾客的参与度、关注度和满意度。

① 张小刚、金青梅：《国产电影内容创新的现实挑战与曲线诉求》，《影视评论》2012 年第 7 期，第 1 页。

（四）文化内容创新需要版权保护的助力

版权的文化价值主要体现在激励文化创造、促进文化传播以及满足公众文化需求三个方面。版权对文化创造的激励，主要是通过赋予创造者以权利，使他们能够从创造活动中获得相应的回报，从而为人类的文化创造提供源源不断的动力来实现的。创造者的权利主要包括以下两种。第一，人身权利。《著作权法》规定了作品的版权人享有发表权、署名权、修改权以及保护作品完整权四种权利。其中，署名权、修改权以及保护作品完整权的保护期限是不受限制的。第二，财产权利。《著作权法》赋予作品版权人越来越丰富的财产性权利。版权创造者的权利主要通过法律予以保障，严格来说，现代市场经济是一种法制经济，市场经济的有效运行是建立在完善的法律基础上的，政府的管理职能就是制定完善的法律法规，有效地保护经济主体的合法产权和经济主体的均等机会。对于文化产业的内容创新而言，主要的相关法律是知识产权保护法，因此，知识产权保护法的建立和完善是文化产业内容创新的重要保障，完善的法律法规不仅能够限制危害社会利益的个人行为，而且能够为经济利益主体创造公平合理的环境，对促进文化产业的内容创新起到非常重要的作用。

B.3
“新常态”下市场化机制对文化产业安全的影响

孙 宇*

摘 要： 随着改革开放步伐的推进，文化的经济属性凸显。我国于“十五”时期正式提出发展文化产业，文化产业在“十五”至“十一五”期间保持了超常的发展速度。“十二五”以来，我国文化产业在国民经济中的占比稳定上升，但发展速度逐年明显降低。发展速度降低的背后是发展方式的常态化调整，文化产业进入“新常态”发展阶段。随着市场经济体制改革的不断深入，中国文化产业市场化运作机制日益完善，市场通过价格、竞争、供求、风险等机制在文化产业领域发挥日益重要的作用。市场化运作机制在文化资源优化配置、重点文化领域发展、文化产业合理有序竞争等方面发挥了重要作用，对文化产业安全产生积极影响；在开放型经济形态下，市场化运作机制也给文化产业发展带来了挑战，在一定程度上危及中国文化产业安全。

* 孙宇，经济学博士，北京交通大学中国产业安全研究中心。

关键词： 文化产业 市场化机制 产业安全“新常态”

一 中国文化产业市场化发展现状

文化产业被公认为21世纪全球经济一体化时代的“朝阳产业”。安全是发展的条件，为了做大、做强本国文化产业，有必要加强文化产业安全研究。为研究市场化机制对我国文化产业安全状态的影响，下面首先分析我国文化产业发展的宏观经济背景。

（一）中国文化产业发展的经济背景

据中央及国内主流经济学界的看法，经过几年超高速的发展阶段，中国经济已步入一个常态化的增长阶段，即经济发展的“新常态”。这里的“新常态”包含重要的政治和政策信息，在诸多重要场合被反复提及并逐渐系统化，最终被确立为中国治国理政的新理念和决策依据。根据习总书记在APEC会议上的阐述，“新常态”主要包含三个方面的内容，即“速度（从高速增长转为中高速增长）、结构（经济结构不断优化升级）、动力（从要素驱动、投资驱动转向创新驱动）”。

当前，中国经济发展方式正从规模速度型增长转向质量效率型增长。2012年以来，我国GDP增速较之前缓慢下降，平均增速基本维持在7.5%，据相关机构预测，中国2015年GDP增速为7%，短期内较难达到更高的增长水平（见图1）；中国工业增加值增速也呈现下降趋势。中国经济在经过了长期高速增长之后，逐步进入常规发展状态（见图2）。

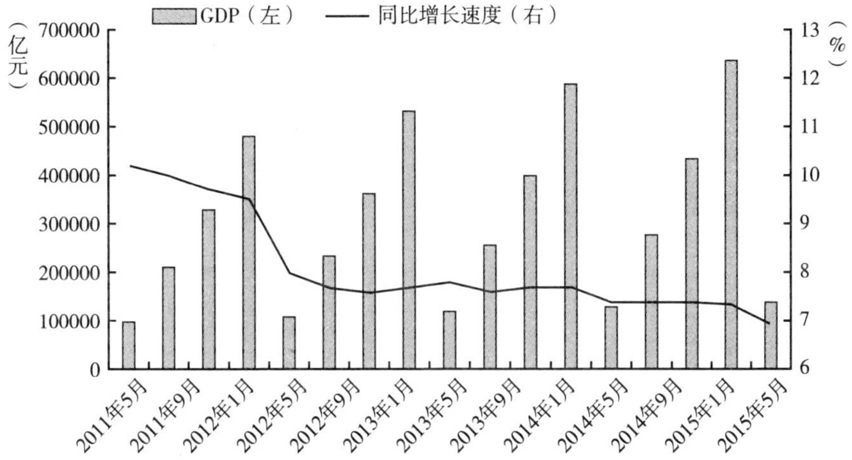

图1　中国GDP及其同比增长速度

资料来源：Wind资讯。

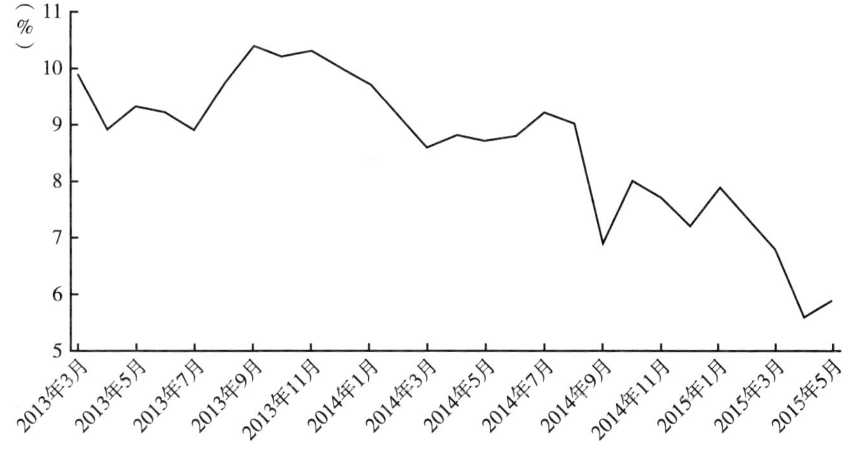

图2　中国工业增加值增速

资料来源：Wind资讯。

20 世纪 90 年代以来，中国进出口贸易取得了长足的发展，特别是 2001 年中国加入 WTO 之后，进出口贸易发展提速。2000 年，中国进出口金额为 4742.9 亿美元，2002 年增加至 6207.7 亿美元，2004 年更是超过万亿美元大关（11545.5 亿美元），2007 年超过 2 万亿元大关（21765.7 亿美元），受 2008 年国际金融危机的影响，2009 年出现短暂下滑，2010 年开始缓慢上升，并于 2013 年超过 4 万亿美元大关。从整体来看，尽管中国进出口贸易仍处于上升趋势，但 2010 年后增速明显下滑，预计这种态势将持续较长时期（见图 3）。

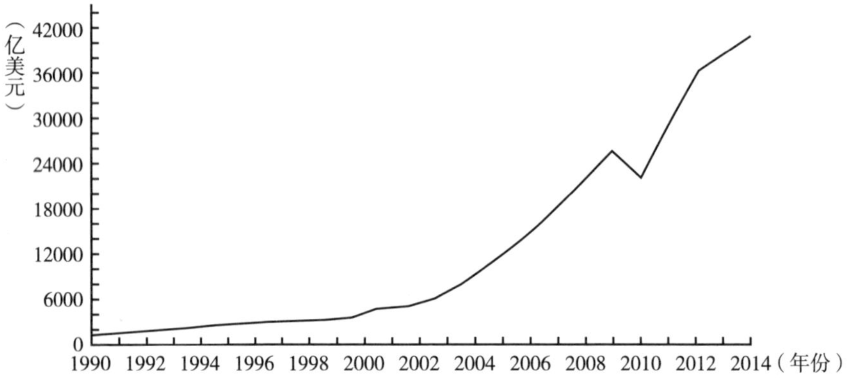

图 3　1990 ~ 2014 年中国进出口金额变动情况

资料来源：Wind 资讯。

从工业、农业和文化产业所在的服务业占国家 GDP 比重的基本走势可以看出，农业在一国 GDP 增长中的地位逐渐下降，近年来基本维持在 10% 左右；工业增加值增长放缓，并有小幅下降，大致保持 45% 的比重；服务业后来居上，平稳增长，于 2013 年达到 46.09%，首次超过工业增加值在我国 GDP 中的比重（见图 4）。

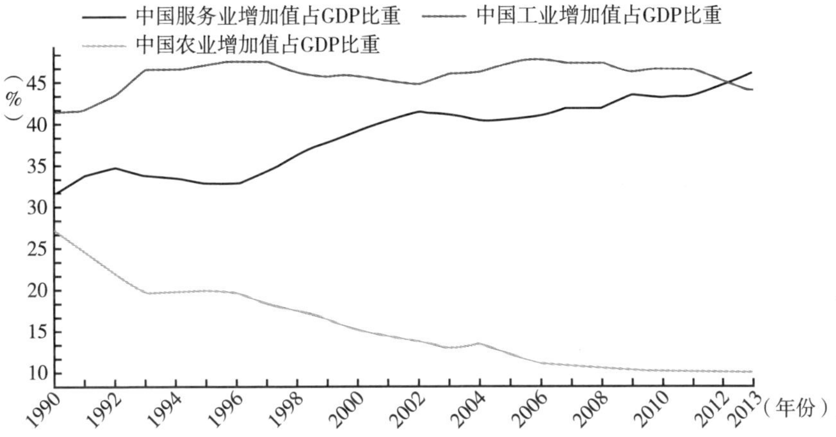

图 4　1990 ~ 2013 年中国工业、农业、服务业增加值占 GDP 的比重

资料来源：Wind 资讯。

2008 年金融危机以来，中国出现了以“产能过剩、经济放缓、结构调整”为标志的经济“新常态”。在“新常态”下，文化产业凭借自身独特的产业价值链、快速的成长方式以及广泛的渗透力、影响力和辐射力，成为我国经济转型发展的重要方向，构成全球经济和现代产业发展的新亮点。

（二）中国文化产业的市场化进程

综观世界范围，20 世纪 90 年代以来，文化产业已成长为全球发展最快的产业之一，并成为诸多发达国家国民经济的支柱性产业。例如，美国文化产业年产值约占其 GDP 的 25%，并且产品出口业已超过航空航天产业，成为第一大贸易出口产品；日本的文化产业占 GDP 的比重在 20% 左右，国内娱乐业产值也仅次于汽车产业，同时其还是全球最大的动漫制作国和输出国；韩国文化产业占

GDP的比重超过15%，已成功跻身世界文化产品出口大国和文化创意产业强国；中国文化产业占GDP的比重近年来虽有大幅提升，目前在4%左右，但仍然没有达到国际通用的文化产业初具规模的标准（占GDP的5%）。在国际上，美国文化约占世界文化市场的43%、欧盟约占34%、日本占10%，中国所占比例不足4%。文化发展应与经济社会发展相协调，基于这一基本认知，我国文化的商品属性也随着改革开放的步伐逐步得到确立和发展，中国文化产业大体经历了4个发展阶段（见表1）。

表1　中国文化产业发展历程

时间	产业认知	备注
1978～1992年	文化市场的发展和地位得到承认	1989年，国务院批准在文化部设置文化市场管理局，全国文化市场管理体系开始建立
1993～2002年	文化产业的地位得到确立	中共十五届五中全会通过的《中共中央关于制定国民经济和社会发展第十个五年计划的建议》首次提出"文化产业"这一概念
2003～2008年	文化事业和文化产业的细分	文化产业的市场化特征日益显著
2009年至今	文化产业被确立为国家战略性产业	2009年7月，《文化产业振兴规划》审议通过，标志着文化产业已经上升为国家的战略性产业；2011年出台《国家"十一五"时期文化发展规划纲要》

从表1可知，随着改革开放步伐的推进，文化的经济属性逐渐凸显，文化产业地位得到明确，并最终被确立为国家战略性产业。在这一背景下，我国文化产业逐步摆脱计划经济体制的束缚，更多地开展市场化运作。

根据我国文化部对文化及相关产业体系的划分，可以看出我们通常所讲的文化产业主要包括文化产业核心层、文化产业外围层和文化产业相关层（见图5），本章主要探讨的就是文化产业核心层的内容。

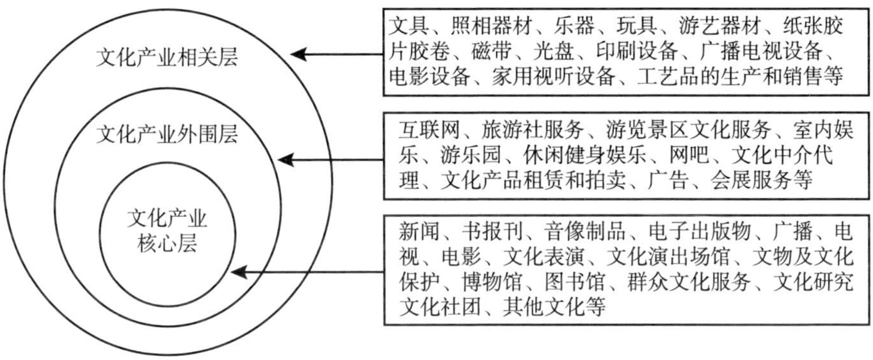

图5　文化及相关产业体系

资料来源：文化部文化产业司。

随着对文化产业属性的认知逐步深入，国家层面对文化产业的投资日益加大。1992年后，文化产业地位得到基本确立，1995年，全国财政对文化事业的投入总额为33.39亿元，2000年增至63.16亿元，2005年更是增至133.82亿元，2008年以来，文化产业被确立为国家战略性产业，财政投入进一步加大，2010年财政投入达到323.06亿元，之后逐年稳步增加，2013年增至530.49亿元（参见图6）。

随着文化产业地位的逐步确立，以及文化事业和文化产业的进一步明确细分，中国文化产业市场化运作机制日益完善、成熟，市场通过价格、竞争、供求等机制在文化产业领域日益发挥重要作用。具体来看，市场机制在文化资源优化配置、重点文化领域发展、文化产业合理有序竞争等方面发挥了重要作用，体现在文化企

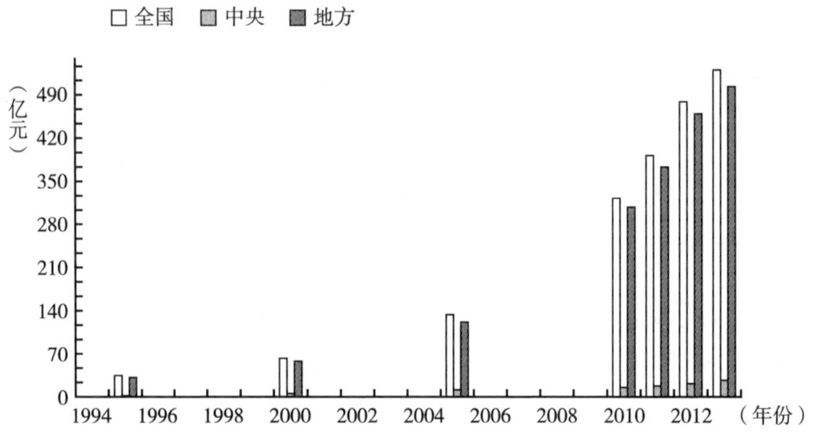

图 6　1994～2013 年全国财政对文化投入情况

资料来源：Wind 资讯。

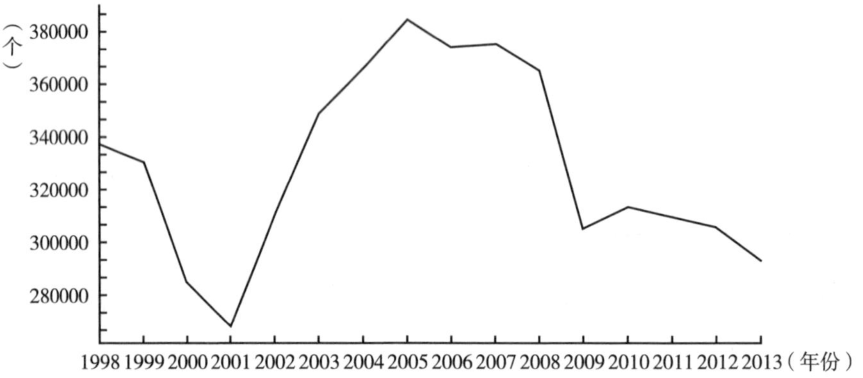

图 7　1998～2013 年全国文化机构变动情况

资料来源：Wind 资讯。

业在政策红利下快速增长、在市场竞争下兼并重组以及产业整体赢利能力日益提升等方面。

（三）中国文化产业发展的“新常态”

我国于“十五”时期正式提出发展文化产业，从“十五”到

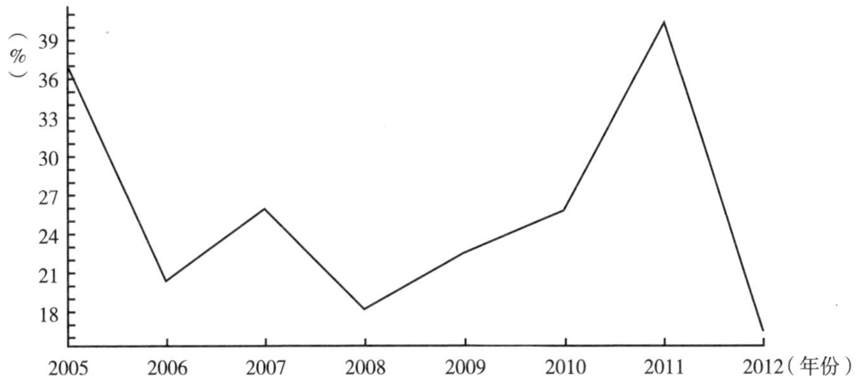

图 8　2005 ~ 2012 年文化及相关产业增加值增长率

资料来源：Wind 资讯。

“十一五”期间基本保持着超常的发展速度，在“十二五”时期，发展速度开始有所下降。国家统计局数据显示，2004 ~ 2010 年，我国文化产业处于高速增长阶段，文化产业增加值从 3.44 亿元增加到 11.05 亿元，年均增长率为 23.6%。而 2011 年较 2010 年增长 21.96%，增速开始下降；2012 年较 2011 年增长 16.5%，增速出现明显下降；2013 年，我国文化及相关产业增加值为 21351 亿元，较 2012 年增长 11.1%，仅比同期 GDP 现价增速高 1%。

数据显示，“十二五”以来，我国文化产业尽管在国民经济中占比稳定上升，但发展速度呈逐年下降趋势。发展速度降低的背后是发展方式的常态化调整，文化产业这一发展态势正体现出中国经济发展的“新常态”特征，即国家经济发展速度放缓，社会各方面迎来新一轮的相应变化。纵观我国文化产业自“十五”时期以来的高速发展阶段，不难发现其主要依赖于改革对原有文化事业单位“存量”的释放，以及政策对相关文化企业

“增量”的促进，即 2004 ~ 2010 年我国文化产业的超高速增长主要得益于政府行政手段的干预与支持。相较于市场化手段，行政手段推动产业发展在获得短期效果方面表现突出，却不利于资源的长期合理优化配置，并引致文化市场在低水平基础上重复建设，急速从短缺走向过剩。这要求我们使市场发挥配置资源的决定性作用，并在此基础上合理发挥政府的调节作用，尽快使文化产业与文化市场的关系回归合理状态，充分利用市场化机制促进文化产业和市场的健康发展，使其顺应中国当前社会发展的新态势。

二　市场机制对文化产业安全的影响机理分析

在市场竞争过程中，市场机制通过供求变化导致价格波动，通过价格波动反过来调节供求的机制。它由市场主体、客体、市场中介以及价格、供求、竞争、信息、风险等相互联系、相互制约并形成特定的资源配置条件、功能和方式等。市场机制主要表现为供求机制（主体要素）、价格机制（信息要素）、竞争机制（动力要素）、风险机制（约束要素）、利率机制和汇率机制（调节要素）等形式。随着对文化及其相关产品、商品属性认知的不断深入，市场化机制在文化产业中逐步得到广泛、深入的运用。基于文化产业的产业属性、中国文化产业市场化发展程度以及市场机制的作用原理，下面主要探讨供求机制、价格机制、竞争机制和风险机制对文化产业安全的作用与影响（见图9）。

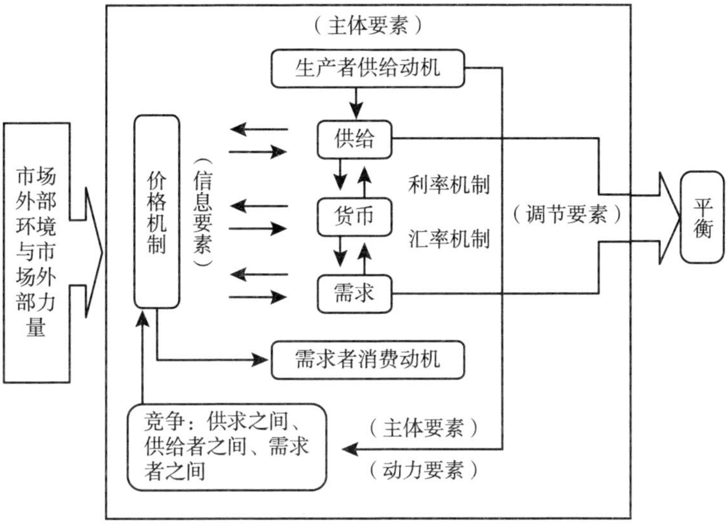

图9　市场机制运行模式

（一）供求机制与文化产业安全

供求机制是指通过商品、劳务及各种社会资源的供给和需求的矛盾运动来影响各种生产要素组合的一种机制。在市场经济条件下，市场价值通常是在供求机制的调节下自发形成的；而供求机制又在一定程度上调节着生产者与消费者的市场活动。在开放型经济形态下，一国文化产品的供给和需求均来自国际和国内两个方面，我们在探讨文化产业安全时，也要全面考虑国内和国际两个层面的因素。随着市场化进程的进一步深入，当前中国文化产业逐步融入世界文化产业发展序列。从供给的角度来看，我国文化产品供给主要来自国内，但来自国际的供给增长迅速；从需求的角度看，国内需求仍为主力，但国际需求潜力巨大，并且是我国文化产业重点发展的方向。在考察供求机制对文化产业安全的影响时，基于产业生存安全和发展安全的要求，应重点关注国家一定时期内文化产品的供给和需求之间的平衡状态以及供给和需求结构。具体来看，供给量和需求量大，则说明产业发展后劲充足，有利于国家文化产业安全的稳固；供求平衡首先体现为文化产品供给量和需求量大致相当，其次也是更深层次地体现为文化企业供应的产品也是广大消费者喜闻乐见的；这里的供求结构主要是指国内供给量和国际供给量占比以及国际需求量和国内需求量占比，当国家总的文化产品需求和供给量稳步大幅增加时，对于来自国际的供给和需求增减要理性看待，从文化内容安全和文化市场安全两个角度加以全面分析（见图 10）。

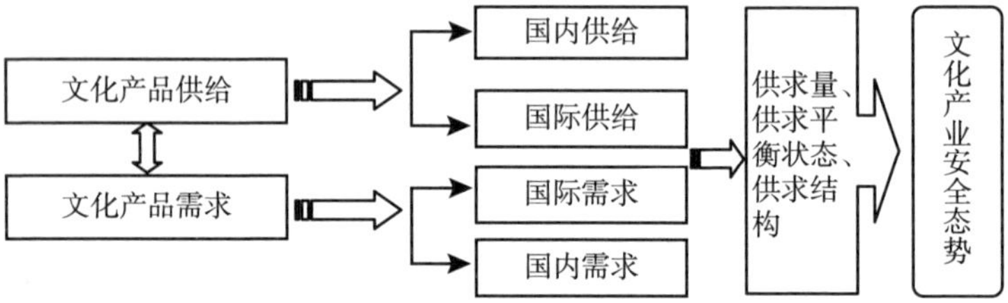

图 10　供求机制对文化产业安全的影响机理

（二）价格机制与文化产业安全

在市场竞争过程中，价格机制表现为市场上某种商品市场价格的变动与市场上该商品供求关系变动之间的有机联系。在社会主义条件下，价格机制对市场经济运行和发展的作用主要体现为调节生产、调节消费以及作为宏观经济的调节手段。在现实经济中，价格机制能解决社会生产什么、生产多少，如何生产，为谁生产这三大基本问题；价格能决定和调节产业间，行业、企业间和企业内部的收入分配；价格机制还直接影响消费者的购买行为。

在开放型经济条件下，国内文化企业与国际文化企业直接展开竞争，价格机制在文化生产、分配、交换与消费等领域将日益发挥自主调节作用，使中国文化产业逐步融入国际文化产业竞争序列。价格机制通过影响文化企业的生产行为、调节文化企业的收入以及引导民众的文化产品消费行为等来对文化产业发展及其安全态势产生作用。为保障和维护文化产业安全，可以通过价格机制引导文化企业大力生产弘扬主旋律、凸显民族特色和极具文化内涵的优秀文化产品，切实满足人民群众日益增加的文化消费需求，并借此提升中华优秀文化在国际上的影响力，加强中国文化软实力（见图 11）。

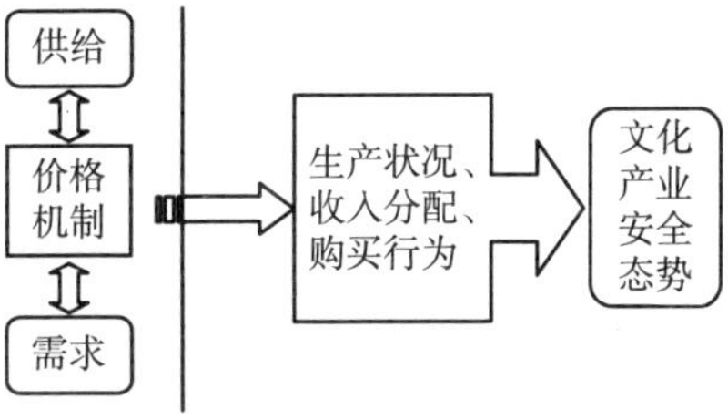

图 11　价格机制对文化产业安全的影响机理

（三）竞争机制与文化产业安全

竞争贯穿于市场经济的整个运动过程，并形成 4 个有机制约关系——生产竞争、分配竞争、交换竞争和消费竞争。上述机制反映了因竞争而产生的商品价值生产、分割、实现和消失与人们经济利益之间的有机联系。在调节经济活动时，它们一方面产生自身的作用力，另一方面又与其他竞争机制的作用力相衔接，形成一个相互制约的链式结构（见图 12）。

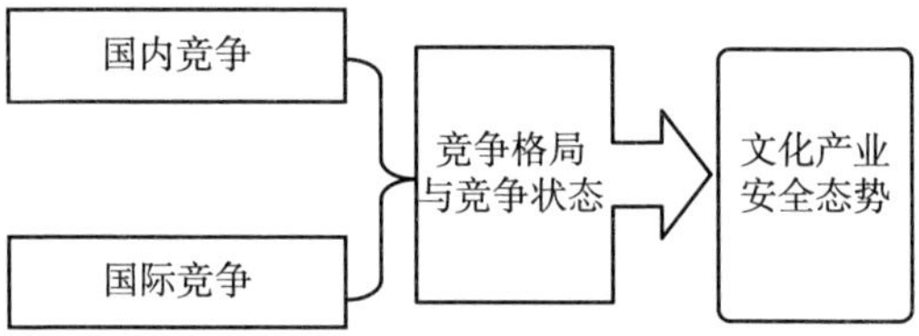

图 12　竞争机制对文化产业安全的影响机理

在开放型经济体系下，我国文化产业将面临国内和国际两个层面的竞争，基于市场竞争机制视角考察文化产业安全状态，应主要考核文化产业在发展过程中面对的整体竞争格局以及竞争状态。只有当本国文化产业培育出自己的龙头企业及企业集团，积极参与国际竞争并占据一定优势地位时，文化产业安全才有切实的保障；反之亦然。

（四）风险机制与文化产业安全

市场经济条件下，各微观经济主体均面临赢利、亏损、破产等多种可能性，从而须承担相应的风险。风险机制以赢利的引力和破产的压力作用于企业，促使企业注重经营、改进技术、加强管理、增强企业活力。

对于兼具商品和意识形态双重属性的文化产业，其在市场化发展过程中所面临的风险也必然来自两个方面。作为市场经济主体的文化企业在应对来自国内外企业和企业集团的竞争中，既面临赢利、亏损和破产的压力，必须承担相应的经济风险；与此同时，文化产业又带有鲜明的意识形态属性，承担着国家意识形态安全的重任，从而也必然面临本国政府的监督管理，以及来自他国政府、媒体在意识形态和价值观层面的挑战与侵袭。基于风险机制角度考察国家文化产业安全状态，除需要关注经济风险对文化产业安全的危害，更要重点评估意识形态层面等其他风险因素对文化产业安全的影响。而某一时期一国文化产业是否安全主要在于其所面临的各项风险因素是否处于一个可控状态，是则文化产业安全，反之亦然（见图 13）。

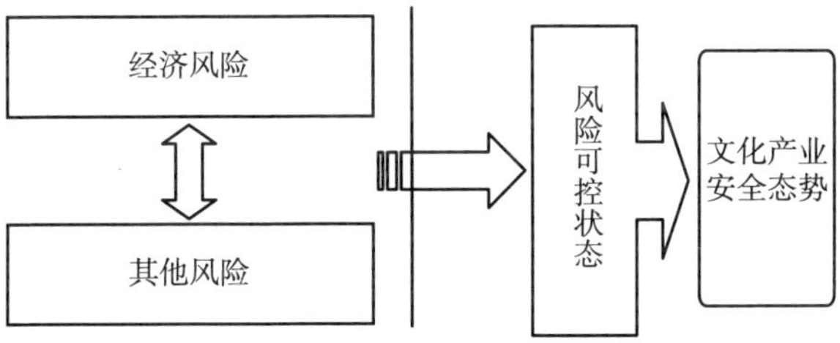

图 13　风险机制对文化产业安全的影响机理

三　“新常态”下文化产业安全面临的机遇与挑战

相较于市场化手段，行政手段推动产业发展在获得短期效果方面表现突出，却不利于资源的长期合理优化配置。中共十八届三中全会要求我们紧紧围绕使市场在资源配置中起决定性作用和更好地发挥政府作用这一基点，充分利用市场化机制促进文化产业和市场的健康发展，使其顺应中国当前社会经济发展的新态势。中国文化产业市场化运作机制日益完善、成熟，市场通过价格、竞争、供求等机制在文化产业领域日益发挥重要作用。具体来看，市场机制在文化资源优化配置、重点文化领域发展、文化产业合理有序竞争等方面发挥了重要作用，体现在文化企业在政策红利下快速增长、在市场竞争下兼并重组，以及产业整体赢利能力日益提升等方面。

在开放型经济形态下，基于文化产业的商品和意识形态双重属性，作为市场经济主体的文化企业在应对来自国内外企业和企业集团的竞争中，既面临赢利、亏损和破产的压力，必须承担相应的经济风险；与此同时，文化产业又承担着国家意识形态安全的重任，从而也必然面临本国政府的监督管理，以及来自他国政府、媒体在意识形态和价值观层面的挑战与侵袭。

（一）市场化机制改革给文化产业安全带来的机遇

1. 我国文化消费能力进一步提升

在市场经济条件下，供求机制在文化产业发展中的积极作用日益凸显。近年来，随着国民收入的大幅提高、科技的快速进步、文化内容的创造性更新以及消费渠道的扩张与通畅，国内文化消费力得到持续提升，从而有效推动着文化产业的健康、可持续发展。从需求角度来看，收入推动、技术跨越、内容更新和渠道扩张无疑是拉升一国文化消费的有利因素，中国文化产业的发展也将反向推进上述因素的进一步提高和完善（见图 14）。

2. 文化产业的经济辐射力和正外部性作用凸显

与物质生产不同，文化再生产的 4 个环节是创作、生产、传播和消费。文化生产对经济发展有着巨大的推动力，一方面，文化再生产不断延伸产品形态和扩张传播渠道，带动了文化生产和传播所需的装备制造、终端设备、基础设施等方面的发展，带动相应领域

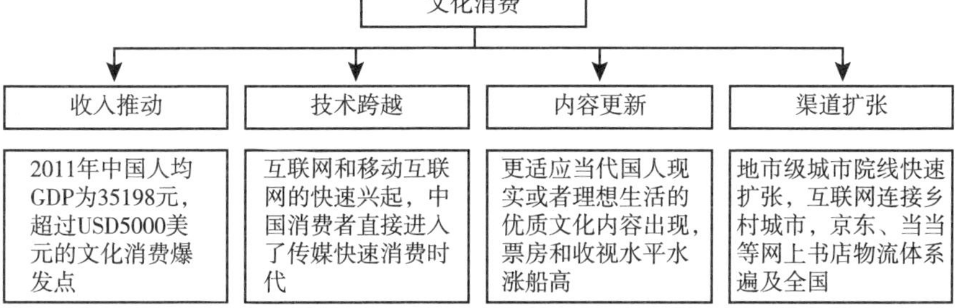

图 14　中国文化消费需求来源

资料来源：Wind 资讯。

的投资和产品生产；另一方面，文化再生产的外部性为其他产业不断地提供中间产品，促进产业转型升级和产品创新。近年来，随着国家将文化产业提升到国家战略性产业的高度，文化产业获得了长足发展，表现为文化及相关产业增加值持续快速增长，2013 年已达 21351 亿元，其中文化服务业占比最高，为 47%，文化制造业其次，为 42.9%，文化批零业最低，占 10.1%（见图 15）；文化产业从业人员近年来变化幅度较大，1998～2001 年处于下降趋势，2001 年降至近年低点，当年吸纳劳动就业人数为 1418587 人，之后文化产业吸纳劳动力能力逐步增强，2004 年达近年高点，为 2325400 人，随着文化产业与文化事业的细分，以及市场化机制下文化企业的兼并重组，文化产业吸纳劳动力能力逐渐减弱，2010 年后基本维持在 200 万人以上，2013 年为 2154948 人（见图 16）；从文化及相关产业增加值占 GDP 的比重来看，已有数据显示，2004～2013 年，文化及相关产业增加值占 GDP 的比重稳步增加，2013 年已达 3.63%，较 2004 年有了显著提高（见图 17）。

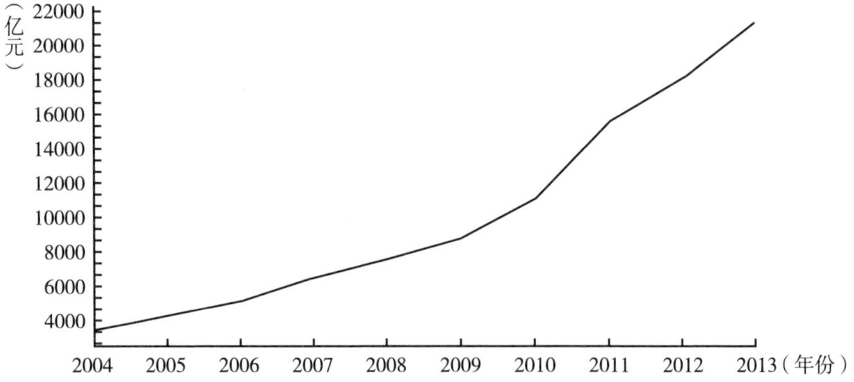

图15　文化及相关产业增加值

资料来源：Wind 资讯。

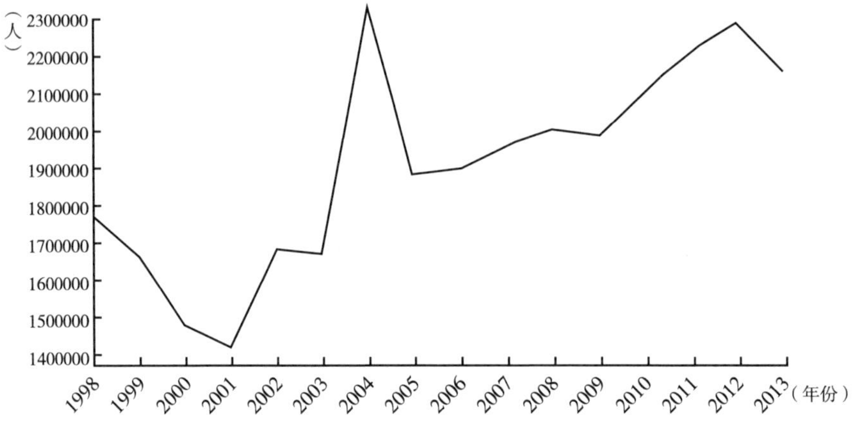

图16　全国文化产业从业人数

资料来源：Wind 资讯。

3. 文化生产要素自由流动，文化资源配置进一步优化

在开放型经济背景下，市场化运行机制使得文化资源得以在更大的范围内合理流动和优化配置，这对于以内容取胜的文化产业来

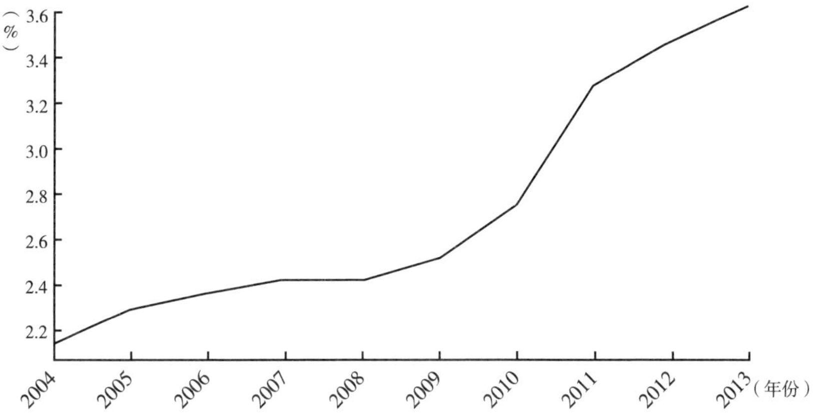

图 17　文化及相关产业增加值占 GDP 的比重

资料来源：Wind 资讯。

说作用尤为明显。这有利于各地摆脱区域界限和各种人为障碍，在更大的范围内优化配置资源，从而使得文化企业可以占有更广阔的市场，优势企业更是可以集聚文化生产要素、高素质人才等资源，迅速发展壮大，增强中国文化企业在国内乃至国际上的竞争力，从而提高我国文化产业安全度水平。

（二）“新常态”下文化产业安全面临的挑战

1. 产业规模结构偏小，集中度低，区域发展不平衡

我国文化企业整体规模偏小，规模以上企业少，经济实力和自主创新能力弱，知名文化品牌较少。据 Wind 资讯，全国文化传媒类上市公司总计 57 家，并且整体赢利能力欠佳，与发达国家文化企业差距较大，现有上市公司收入增长率为负值的为 12 家、0% ~20% 的有 20 家、21% ~50% 的为 12 家、大于 50% 的仅有 15 家（见图 18 ~ 图 20）。

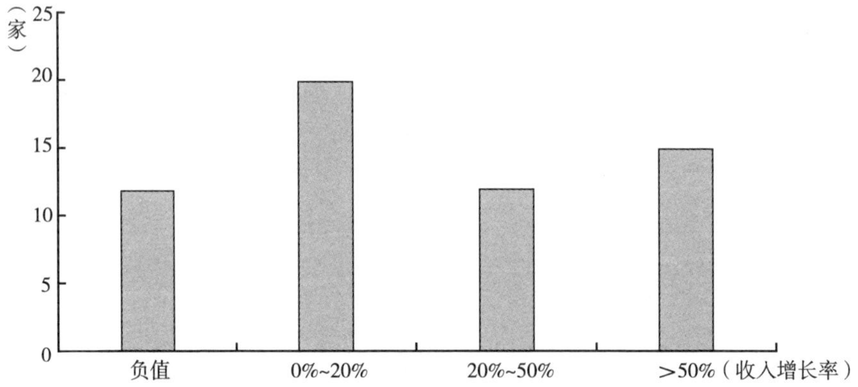

图 18　全国文化传媒类上市公司收入增长率分布

资料来源：Wind 资讯。

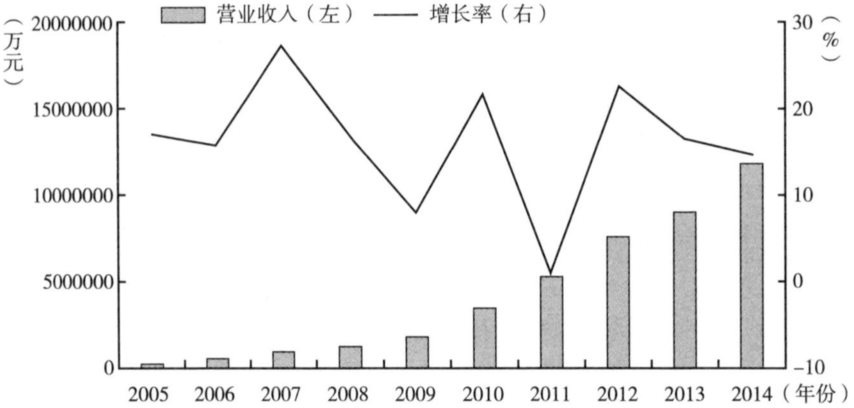

图 19　全国文化传媒类上市公司收入规模及增长率

资料来源：Wind 资讯。

从当前我国各地区文化产业发展现状来看，由于经济、交通等基础条件限制，我国文化资源分布广泛且分散，地区之间发展极度不平衡，尚未形成完善的服务体系、产业链条和规模效应。

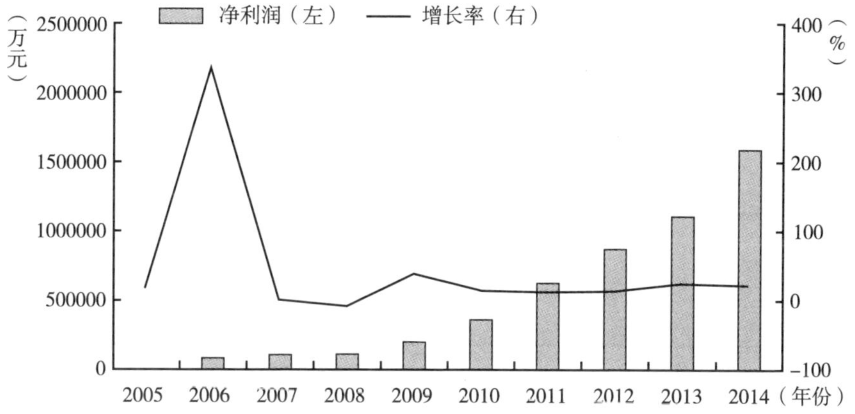

图 20　全国文化传媒类上市公司净利润及增长率

资料来源：Wind 资讯。

从总体上来看，我国区域文化产业发展格局与区域经济发展基本相同，不平衡发展态势明显。约 2/3 的文化产业单位及从业者分布在东部，并且东部地区文化产业增加值约占全国的 3/4。此外，全国大部分地区文化产业发展思路较单一，致使产业结构雷同。据 Wind 资讯，全国文化传媒类上市公司总计 57 家，整体数量不多，并且分布严重不均，其中华东 24 家，华北和中南各 13 家，西北、西南和东北则分别只有 1 家、3 家、3 家（见图 21）。

2. 文化资源过度开发与未充分利用现象并存，产业结构不合理

在开发我国丰富的传统优势文化资源时，各地相关部门常存在开发不充分、不科学、重形式而轻内涵等问题。上述不当的开发行为使得我国的文化产业生产不能有效满足市场需求，并造成生产结构与市场结构的严重不协调。一方面，囿于原创能力、创意、技术的不足，我国文化产业无法向市场提供优秀的文化产品，从而很难占领国际高端文化市场；另一方面，由于缺乏成熟的市场营销和

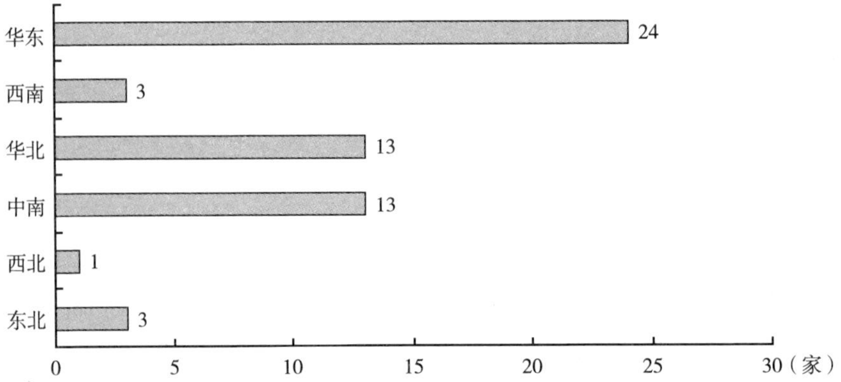

图 21　全国文化传媒类上市公司区域分布情况

资料来源：Wind 资讯。

运作能力，众多优秀文化资源不能得到有效开发，各地文化企业、政府局部重复开发，文化产品千篇一律，不利于打造具有一定知名度的文化产品。另外，由于地方政府和当地文化企业着力打造本地大而全的文化产业体系，对大众喜闻乐见的基础文化产品投入不足，关注不够，从而质优价廉的大众文化产品也不能满足大众的需求。

3. 产业的技术层次偏低，创意引领和市场运作能力弱

在文化产业发展过程中，我国各地区、部门和相关文化企业运用高科技手段的能力不强，对传统文化产业改造的成效不明显，创新文化表现力弱，未能将文化产业与数字网络技术高度融合，最终导致低技术含量文化产业的比重偏大，文化产业增加值明显不高。我国文化企业在文化创意和文化产品营销、销售领域与国际文化企业集团之间存在较大差距。文化产业是创意经济、内容经济，创意领域的乏力使得我国文化产业在后续的文化生产、销售、消费领域

竞争力低下，致使我国文化产业整体处于国际产业链低端环节。

4. 国内文化消费总量小、增速慢，潜在文化消费需求未得到有效释放

统计显示，2012 年，美、日等发达国家居民娱乐消费的占比约为 5%，是家庭第四大①消费支出。而我国 2012 年的城镇居民家庭平均每人现金消费支出中文化娱乐服务支出为 762 元，占居民年度消费性支出（16674 元）的 4.6%；农村居民更低，文教娱乐支出仅为 445 元（其中教育支出的比重较大）。这反映出我国文化消费总量偏小、增速偏慢，居民潜在的文化消费需求尚未得到有效释放。而我国当前文化消费需求的乏力无疑进一步制约了国内文化产业的发展，不利于文化产业安全度的提升（见图 22 ~ 图 23）。

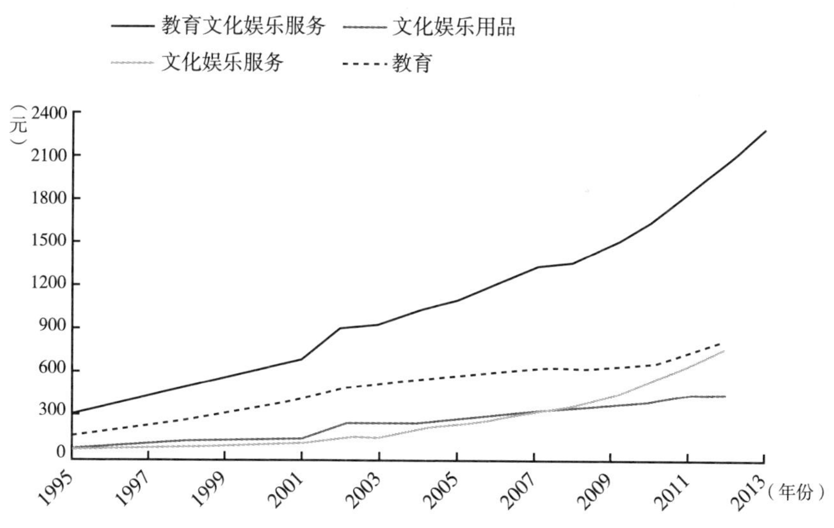

图 22　中国城镇居民教育文化娱乐服务人均年度消费支出情况

资料来源：国家统计局。

① 前三项重要支出分别为食物、住房和交通。

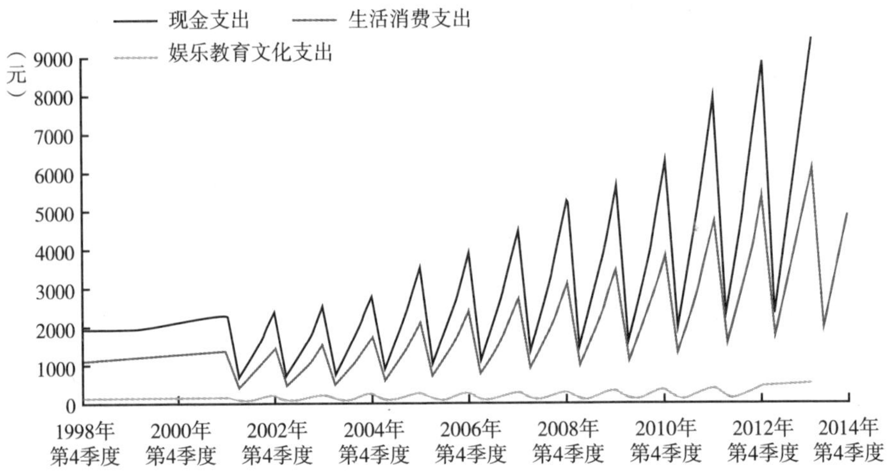

图 23　中国农村居民现金、生活消费及娱乐教育文化支出情况

资料来源：国家统计局。

5. 文化产业整体发展水平较低，无法有效应对来自西方发达国家的竞争

在社会主义市场经济体制下，随着科技的进步，人们获得文化产品的渠道日益广泛，来自世界各地的文化产品丰富着人们日常的生活，使人们在现有条件下最大限度地获得精神层面的满足。但目前来看，中国文化产业整体发展水平不高，优质作品匮乏，无法满足人们日益增长的精神文化需求。在这种情况下，来自西方国家的文化产品就比较容易进入大众视野，占据相应的市场份额，从而危及我国文化产业安全。

以中国电影行业发展情况为例，由图 24 可知，国产电影产量在 2002 ~ 2011 年一直呈现上升趋势，电影产量持续增加，特别是在 2003 年、2006 年、2011 年均出现了较大增幅，2012 ~ 2014 年则出现明显下滑。通过分析同期全国电影观影人次的变化可以看出，

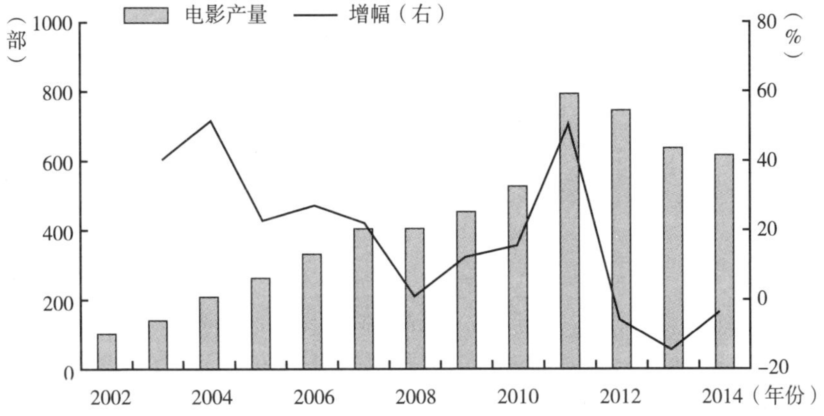

图 24　全国电影产量

2007 年以来年度总观影人次日益攀升，具体从增长幅度来看，2007～2009 年增幅较大，2010～2012 年出现小幅下滑，2012～2014 年增幅则出现攀升局面（见图 25）。从图 24、图 25 可以看出，2012～2014 年中国电影产量下降，而同期观影人数却逆势上扬，表现出国内电影产品供给与消费者需求的不协调。

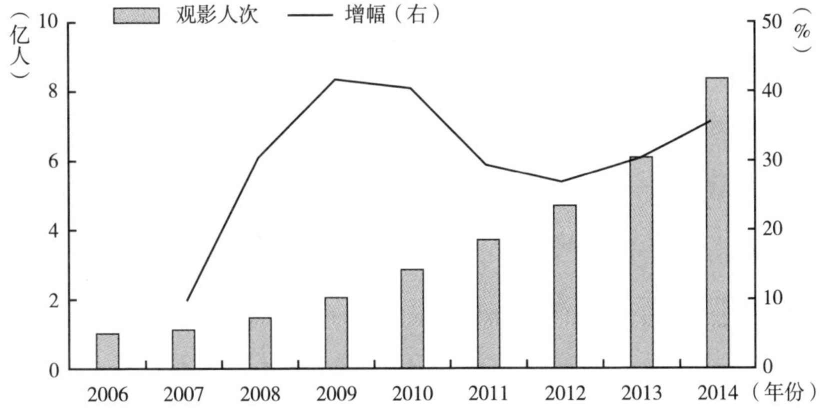

图 25　全国电影观影人次

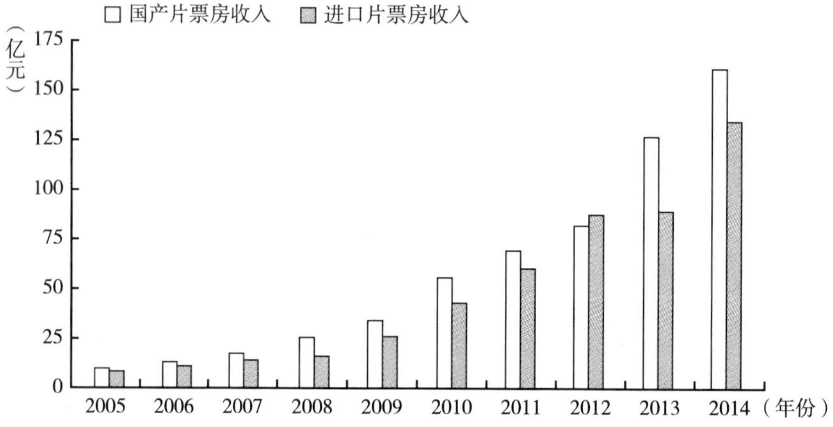

图 26　全国电影产业收入

据图 26，2005 ~2014 年中国电影产业在国内票房收入方面取得了不错的成绩，整体来看国产片票房收入高于进口片，但若考虑国产片和进口片的数量，则可以发现国产片的赢利能力远弱于进口片。例如，中国 2011 年电影总票房为 131. 15 亿元，20 部美国大片的票房收入就超过了 49. 1 亿元，占比为 37%。

6. 国家公共文化供给缺乏有效保障

随着文化产业与文化事业的细分以及文化产业经济属性的进一步彰显，市场在文化生产要素流动、资源配置中逐渐起主导作用，由于市场机制在提供公共产品方面存在天然缺陷，从而使得满足人们基本文化需求的公共文化供给系统发展薄弱，无法适应广大人民群众日益增长的文化消费需求。

7. 文化资源流动不畅、配置不合理问题仍然存在

当前，我国文化资源存在整体流动不畅、配置不合理的问题，主要表现为地方政府的过分干预强化了行业性和区域性壁垒，阻碍

了文化资源的自由流动，致使市场分割和重复建设问题凸显。其直接后果就是使得文化资源的社会属性和共享功能难以得到充分体现，丰富的文化资源不能有效地转化为充满竞争力的文化产品。

四　对策建议

（一）发挥市场机制在文化资源优化配置方面的作用，走"空间聚合、业态融合"的发展路径

为有效应对我国文化产业规模结构偏小、集中度低、区域发展不平衡的问题，可以充分发挥市场机制在资源优化配置方面的积极作用，走空间聚合、业态融合的发展路径，壮大我国文化产业市场主体，培养具有世界影响力和竞争力的大型文化企业及企业集团。

以空间聚合的方式发展特色文化产业，将十分有利于产生"创意—生产—推广"的一体化协同发展效应。业态融合可以说是文化产业发展的重要特色，如以文化旅游为基础，形成演出演艺、工艺品和展览等多业态融合发展的方式。具体来看，微观上应强调各地区发挥比较优势，突出差异化的竞争策略；宏观上则需强调突破区域限制，形成区域合作机制，统筹城乡发展，形成集聚联动效应。

（二）科学定位，走"本土化、特色化、品牌化"发展道路

第一，文化产业发展须贯彻本土化原则。在资源挖掘、主导产业选择和消费市场定位等方面充分实现本土化。需要指出的是，强

调本土化的真正指向在于通过充分的本土化实现区域化甚至是全球化发展。因为只有开放的文化才是安全的文化，只有文化开放水平不断提升、文化国际影响力不断扩大、文化竞争力不断增强，文化安全才有坚实可靠的基础。

第二，文化产业发展必须贯彻突出特色原则。当前我国主要存在下述三类特色资源：地方特色文化资源、鲜明区域特点、民族特色。特色化发展首先要求实现特色资源的创造性转化和创新性发展，该发展目标可以通过“创意转化、科技提升和市场运作”的基本路径加以实现。

第三，文化产业发展须切实践行品牌化战略。为提升中国文化产业的整体竞争力，必然要求形成一批具有较强国际影响力和市场竞争力的文化产品品牌。

（三）重视市场运作与创意引领，助力中国文化产业向世界文化产业链高附加值环节延展

针对中国文化产业在创意、生产、营销和销售等一系列市场化中出现的问题，基于保持文化特色和自然生态，将文化产业打造成我国支柱性产业。

首先，鉴于我国众多文化产品存在形式陈旧、功能与类型单一等问题，在文化产品设计和改造中加强与创意、科技和时代元素的结合，做到内容和形式创新并重，适应现代时尚消费需求。

其次，我国文化产业生产组织形式缺乏专业分工、市场信息渠道不畅，很难适应开放的市场经济发展要求。为有效改善上述发展困境，急需各地积极发展特色文化骨干企业、合作社、协作体、产

业联盟、小微特色文化企业等多种组织形式。

最后，基于营销、销售角度，我国地方特色文化产业在发展过程中普遍存在品牌意识弱、产品的可辨识度差等突出问题。针对这一问题，在发展过程中可以充分发挥民间文化名人、艺人的品牌效用，以及利用产地标识等方式。

（四）注重市场引领，多层次开发社会文化消费需求潜能

文化消费处于文化产业链的末端，是文化产品价值实现的最终环节。人类不断丰富的精神文化消费需求为文化产业提供了广阔的市场空间，成为文化产业发展的内生动力。扩大和提升文化消费，能够有效满足人民群众的精神文化需求，有利于我国文化产业增长模式由单边投资驱动转变为消费与投资的双边驱动，并有助于塑造我国文化软实力。

目前，我国文化消费与发达国家还存在不小的差距。无论从文化消费总量还是以 GDP 水平衡量，我国文化消费与发达国家相比均缺口较大，还有很大的提升空间。据国际发展经验，可从三个方面扩大我国文化消费：首先，政府加大投入力度提供公共文化服务，满足文化消费需求；其次，积极拓展大众文化消费市场；最后，依托文化品牌建设提升文化消费水平。

（五）依靠市场手段迅速壮大市场主体，提升文化产业整体实力

为提升中国文化产业整体实力，首要的就是迅速壮大市场主体，可以从培育骨干文化企业与扶持中小文化企业健康发展两个方

面推进。

首先，在培育骨干文化企业方面，可将“转企改制”与“兼并重组”结合起来，推动文化资源向优质企业集中。推动优势文化企业跨地区、跨行业、跨所有制发展，鼓励其通过股权投资、资源互补等，开展多种形式的联合。在此基础上，可以确定部分改革到位、成长性好的大型文化企业作为国有文化企业深化改革加快发展试点单位，加强指导、重点培育，打造一批具有较强国际竞争力的骨干文化企业。其次，实施中小企业成长工程，支持专业化的创意和设计企业向“专、精、特、新”方向发展，打造中小文化企业集群。具体可通过挖掘、发展和保护民间特色传统技艺方式培育特色创意和设计企业，并大力支持设计、文化软件等各种形式的新兴小、微企业发展。发挥政策引导优势，助推优势文化企业根据产业联系打造跨界融合的产业联盟。

（六）提升国家文化治理能力，构建多层次、多渠道的公共文化供给网络

《关于做好政府向社会力量购买公共文化服务工作的意见》指出，要构建现代公共文化服务体系，需要动员社会力量广泛参与，充分尊重公共文化领域“政府主导、社会参与、多元共治”的行业特征，促使政府完成从“划桨”到“掌舵”身份的转变。

2013 年，中央财政安排公共文化服务体系建设资金 169.63 亿元，较 2012 年增长 10.55%。上述资金的使用涵盖面广、针对性强且重点突出，政府积极构建多层次、多渠道的公共文化供给网络体系，以惠及更广泛的人群。首先，深入推进全国范围内博物馆、纪

念馆、图书馆等辐射面广、服务性强的公益性文化设施全面向社会开放，以最大限度地满足人民群众日益增长的精神文化需求。其次，针对广大农村地区文化资源贫乏，而人民对文化迫切需求的现实困境，重点支持全国文化信息资源共享工程、农家书屋、农村公益电影以及广播电视“村村通”“户户通”工程等项目建设，最大限度地顾及了广大农村人口对文化产品的需求。最后，对县级及以上公益性文化、文物、体育、广电等事业单位技术设施进行维修和改造，推进数字图书馆工程和基层公共电子阅览室建设等，切实提高基层公共文化机构服务能力。

（七）积极搭建文化中介组织，发挥市场机制资源优化配置主导作用

在市场化机制下，为有效地促进文化生产要素的规范流动与合理配置，解决文化产业发展过程中存在的“文化资源过度开发和得不到有效利用并存”这一突出问题，可以发展和完善经纪、代理、评估、推介、咨询等中介机构，支持文化产业要素交易平台建设。鼓励建立各类文化企业集团、行业联盟等组织。提高文化中介机构规范化、专业化、社会化服务水平，促进资本、版权、人力资源等要素的规范流动与合理配置。

参考文献

《“新常态”下的文化产业：尊重市场才能健康发展》，《人民日报》

2015 年 5 月 21 日。

《新常态下文化产业的坐标》，《光明日报》2015 年 5 月 26 日。

保罗 · 萨缪尔森、威廉 · 诺德豪斯：《微观经济学》（第 1 版），萧琛译，人民邮电出版社，2012。

彭翊、李丽：《海外经验：推动文化消费的三个路径》，《中国文化报》2015 年 3 月 7 日。

谢地：《政治经济学》（第四版），高等教育出版社，2013。

杨永华：《市场经济学原理》，广东经济出版社，2003。

B.4

版权立法对中国文化产业安全的影响

冯广林*

摘 要： 充分发挥版权在推动文化产业发展中的重要作用，完善版权立法工作，对于维护我国文化产业安全无疑具有重大的现实意义。一系列版权法律法规的颁布实施，奠定了中国版权法律制度的基础，标志着我国版权立法在维护文化产业安全方面的法律体系架设基本完成。然而我们必须看到现有版权立法对于维护文化产业安全的不足之处，诸如立法层次太低、现行著作权法及相关行政法规对于文化产业安全的维护不够完善、版权产业相关领域保护在文化产业安全方面存在立法空白、版权行政管理体系在维护文化产业安全方面缺乏协调和效率等问题尤为突出。以美国、日本、韩国为代表的域外版权立法在维护文化产业安全方面的经验值得我国学习和借鉴。维护文化产业安全，必须加快完善版权法律制度、版权行政执法法律制度以及国际文化贸易应对法律制度。

* 冯广林，内蒙古商都人，法学博士，北京交通大学中国产业安全研究中心博士后，副教授，主要研究领域：文化产业安全立法。

关键词：文化产业安全　版权立法　完善

一　版权立法与文化产业安全

自2009年9月26日《文化产业振兴规划》发布以来，我国文化产业获得了长足的发展。根据2015年5月14日发布的《中华人民共和国文化部2014年文化发展统计公报》，2014年实施文化金融扶持计划，首次发布文化金融合作债券融资项目库，确定106个项目，获中央财政文化产业发展专项资金支持6.73亿元，比2013年增长46%；2014年年末，全国文化产业本外币贷款余额为1955亿元，同比增长30%以上。2014年全国文化市场经营单位营业收入1613.52亿元，比2013年增长18.1%；营业利润468.06亿元，增长28.0%。[①]

随着全球经济一体化和互联网信息技术的飞速发展，文化传播方式也不断在改变，这些都为版权产业创造了良好的发展环境，同时也带来了诸多挑战。如何充分发挥版权在推动文化产业发展中的重要作用，完善版权立法工作，对于维护我国文化产业安全无疑具有重大的现实意义。

（一）版权保护与文化产业

根据2011年的调研数据，当年我国版权产业行业增加值为

① 向文莉：《文化部发布2014年文化发展统计公报》，《中国文化报》2015年5月15日。

31528.98 亿元，占国民生产总值的6.67%。[①] 版权保护在促进文化产业发展和维护文化产业安全中的作用日益突出。

1. 版权法律制度确认文化产品的权利归属与权利内容

随着网络传播的飞速发展，一方面，文化产品创作投入大且创作难，另一方面，因复制相对容易而导致侵权成本低下。文化产业与版权联系极为密切。文化创作者只有通过版权才能将内心的创意以固定的形式具体表达出来，才能最终进行产权的交易和转让，文化创意产品被创造的终极目标就在于此。综观整个文化产业链条，只有通过版权法律制度才能将文化产品的创意成果确定下来，才能将其权利归属与权利内容加以明确，才能最终进行交易、传播与使用。

2. 版权法律制度规制规范版权交易活动

文化产业的健康快速发展，文化产品的市场化与规模化必须达到一定的规模，因此版权法律制度的保护和规制显得尤为重要。只有通过版权交易的形式，文化企业才能将文化创意产品转化为版权财产权，版权法律制度必然会规制其权利的行使与实现。文化创意产品的交易与传播的实现，版权价值科学性、合理性以及权威性的评估，都离不开版权法律制度的规制。

3. 版权法律制度增加了文化产业的内容，版权保护进一步得到发展

版权立法、司法和执法因文化产业的迅猛发展而不断进步完善，版权保护制度体系日臻完善。保护版权智力成果、规范版权侵权的法律法规相继出台并不断修订完善，如《著作权法》的出台

---

① 国家版权局：《版权工作“十二五”规划》，2011。

与两次修订、《著作权法实施条例》的出台与修订、《信息网络传播权保护条例》（2006）、《广播电台电视台播放录音制品支付报酬暂行办法》（2009）、《计算机软件保护条例》（2001）、《计算机信息系统安全保护条例》（1994）、《计算机信息网络国际互联网安全保护管理办法》（1997）、《计算机软件著作权登记办法》（2002）、《互联网著作权行政保护办法》（2005）、《网络游戏管理暂行办法》（2010）、《音像制品管理条例》（2001）、《电影管理条例》（2001）、《广播电视管理条例》（1997）、《出版管理条例》（2001）等行政法规的出台，我国版权保护的立法日趋完善和全面。文化产业的健康快速发展，使得版权保护的深度和广度意义重大而深远，这也促使我国的版权保护体系向着多方位、多层次的方向发展。

（二）版权立法对于维护文化产业安全的重要意义

文化产业安全划分为文化生产要素占有权安全、文化生产要素经营权安全、文化生产要素处分权安全和文化生产要素收益权安全。一般的商品通常只考虑经济效益，而文化产业生产要素收益权的安全不仅体现在经济效益上，而且体现在社会效益上。[①] 完善版权立法对于维护文化生产要素相关权益安全具有重要的意义。

1. 完善版权立法，有利于提高国家核心竞争力，维护文化产业安全

随着科学技术的迅猛发展和经济全球化的不断深入，知识产权

① 北京印刷学院文化产业安全研究院主编《中国文化产业安全报告（2014）》，社会科学文献出版社，2014，第6页。

已经成为提高国家核心竞争力的战略资源，成为国际经贸交易的重要载体。通过知识产权保护，发达国家将它们的文化、技术、品牌优势转化为国际市场的竞争优势。目前世界各国已形成基本共识，那就是加强对知识产权的保护。在提高国家核心竞争力方面，版权产业扮演着越来越重要的角色。

随着2001年中国加入世界贸易组织，中国的文化领域要向外商开放。要维护我国的文化产业安全，就必然要限制外商在文化产业中的经营领域，特别是不得进入中国文化产业的核心内容领域，这对于保障我国对文化产业核心内容权利的审查权和重要文化领域的主导权具有非常重要的意义。

2. 完善版权立法，有利于打击版权侵权，维护市场秩序，维护文化产业安全

为将知识产权保护上升到国家战略发展层面，国务院于2008年6月5日颁布实施了《国家知识产权战略纲要》，使文化产业发展中的知识产权保护的地位得到极大提升。另外，侵权盗版现象在我国相对普遍。这使得著作权人的合法权益受到侵害，市场经济秩序混乱，我国经济发展和文化繁荣受到了严重干扰，市场信用体系建设被不断破坏，最终也损害了我国开放的投资环境和国际形象。版权保护对于文化产业的良性发展和维护文化产业安全无疑具有重要的意义。

3. 完善版权立法，有利于规范文化产业的市场交易秩序，促进文化产业链的发展，维护文化产业安全

版权保护确定了文化产业创意人的文化财产权利，从而划定了版权保护的权利界限。特有的版权保护创新激励与权利保障，使得版权保护机制在对文化产业的市场交易秩序的有效维护、文化产业发展的良好社会环境的营造以及对整个文化产业链的协调发展方面，都发挥了重要的促进作用。

版权立法是否完善、版权执法监督是否到位，不但事关知识产权保护问题，而且与能否维护文化产业安全大局息息相关。要从维护国家利益的高度出发，密切关注国际版权发展动态和国内版权保护现状，不断加强和完善版权立法。

二　版权立法态势对我国文化产业安全的影响

目前我国版权立法在维护文化产业安全方面主要包括国际公约、法律法规、规范性文件和司法解释，对我国文化产业加以引导、保护和管理，分为国家层面和地方层面两个维度。

（一）维护文化产业安全方面的版权立法现状

1. 国家层面

首先在文化产业安全国际保护方面，我国先后加入了诸多涉及文化产业版权保护内容的国际条约，如《世界知识产权组织版权条约》和《世界知识产权组织表演和录音制品条约》两个国际互联网公约、《世界版权公约》、《建立世界知识产权组织公约》、《保护文学艺术作品伯尔尼公约》、《保护录音制品制作者防止未经许可复制其录音制品公约》、《与贸易有关的知识产权协议》（TRIPS）等国际公约。这些公约的加入，对维护我国文化产业安全提出了更大的挑战，在客观上要求我国进一步完善文化产业版权保护法律体系。

其次是有关维护文化产业安全版权保护的法律法规。《中华人民共和国宪法》（1982）的部分条款规定了公民享有从事创造性活动的权利，《民法通则》（1986）的部分条款则进一步规定了公民享有著作权，1990 年通过的《中华人民共和国著作权法》改变了新中国成立以来在版权保护方面长期没有专门法律的局面，经过 2001 年第一次修订和 2010 年第二次修订，完善了著作权的内容和著作权人的权利，加大了著作权法的保护和执法力度，有助于进一步维护文化产业安全。

1991 年 5 月 24 日，国家版权局发布了《中华人民共和国著作权法实施条例》，2013 年 1 月 30 日做了第 2 次修订，自 2013 年 3 月 1 日起施行之后，国家版权局又修订颁布了《著作权质押合同登记办法》（1996）、《著作权集体管理条例》（2004）、《中外合作摄制电影片管理规定》（2004）、《中外合作制作电视剧管理规定》（2004）、《著作权行政处罚实施办法》（2009）、《著作权质权登记办法》（2010）等。《计算机信息系统安全保护条例》（1994）、《计算机信息网络国际互联网安全保护管理办法》（1997）、《广播电视管理条例》（1997）、《计算机软件保护条例》（2001）、《音像制品管理条例》（2001）、《电影管理条例》（2001）、《出版管理条例》（2001）、《计算机软件著作权登记办法》（2002）、《互联网著作权行政保护办法》（2005）、《信息网络传播权保护条例》（2006）、《国家知识产权战略纲要》（2008）、《广播电台电视台播放录音制品支付报酬暂行办法》（2009）、《网络游戏管理暂行办法》（2010）等行政法规由国务院颁布实施。

一系列法律法规的颁布实施，奠定了中国版权法律制度的基础，标志着中国现代版权法律体系建设基本完成。相关部门正在积极完善版权立法，以保障文化产业安全。

2. 地方层面

在国家层面版权立法和政策的指引下，各地纷纷将发展文化产业作为新的经济增长点和支柱产业，将维护文化产业安全作为主要目标，制定了一系列版权保护的规范性文件。一些有关版权保护的地方法规、政府规章在北京、上海等地相继出台，同时，这些地区也出台了区域版权战略规划，以保证《国家知识产权战略纲要》的贯彻执行。各地在诸如出版业、影视业、动漫业等相关版权产业方面出台了一系列规范性文件，如《广西壮族自治区民间文化保护条例》《北京市关于加强计算机软件保护工作的意见》《北京市鼓励计算机软件著作权登记办法》《北京市版权流动监督岗管理办法》《深圳市平面设计作品委托合同》《深圳市数字作品备案办法》等。我国地方版权保护的法律、法规不断健全完善，为文化产业的健康发展和文化产业安全的保障奠定了坚实的基础。

（二）现行版权立法在维护文化产业安全方面存在的问题

随着我国文化产业的快速发展，国家与地方版权立法不断丰富与完善，我国版权立法形成了全方位、多层次、多领域的法律体系，文化产业安全的维护有了坚实的法律保障。然而我们必须看到现有版权立法在维护文化产业安全方面的不足之处。

1. 立法层次太低，不利于对文化产业安全的全面保护

目前，我国在文化产业版权方面的法律只有《著作权法》，行

政法规有《计算机信息系统安全保护条例》(1994)、《计算机信息网络国际互联网安全保护管理办法》(1997)、《广播电视管理条例》(1997)、《计算机软件保护条例》(2001)、《音像制品管理条例》(2001)、《电影管理条例》(2001)、《出版管理条例》(2001)、《计算机软件著作权登记办法》(2002)、《互联网著作权行政保护办法》(2005)、《信息网络传播权保护条例》(2006)、《广播电台电视台播放录音制品支付报酬暂行办法》(2009)、《网络游戏管理暂行办法》(2010) 等，规范性文件占据绝对多数。一些规范性文件还停留在政策文件层次，并未形成法律法规。在文化产业版权保护方面，这些规范性文件确实发挥了重要作用，但鉴于这些规范性文件立法层次太低等，版权管理的权威性和有效性受到了严重影响。[①] 这不利于我国文化产业安全的维护。

以电影版权为例，随着我国成为 WTO 的成员，我国电影版权现行立法的不完善日益凸显。我国电影版权产业虽然符合 WTO 透明度的要求，但是存在立法层次过低的问题。首先，现行电影版权立法主要是由行政法规、部门规章和其他规范性文件构成的，没有一部有关电影版权方面的专门法律。其次，仅有的这些规范性文件采用的制度相对落后，比如在电影审查制度方面，主要以列举的方式笼统地规定了十条不具有可操作性的审查标准，在实践中如何判断这些标准具有较大的自由裁量性和不确定性。[②] 所有这些都不利于我国文化产业安全的维护。

① 明立志：《加强我国文化产业立法的几点思考与建议》，《今日中国论坛》2005 年第 12 期。

② 国务院法制办公室：《中华人民共和国电影产业促进法（征求意见稿）》第 10 条。

2. 著作权法对版权保护不够完善，不利于文化产业安全的维护

1990 年通过的《中华人民共和国著作权法》（以下简称《著作权法》），经过 2001 年第一次修订和 2010 年第二次修订，是我国文化产业版权保护的基本法律，处于核心地位。两次修订的许多方面与世界贸易组织法的相关规定相适应，其中有关著作权可以出质的规定满足了版权产业融资的需求。另外，目前的著作权法有许多方面需要进一步完善。以《著作权法》第 3 条为例，第 3 条有关版权登记的规定显示《著作权法》对作品的保护范围过窄，对文化产业领域版权保护不足。[①]

再以新闻出版业方面的数字化出版为例，由于出版单位与作者只订立平面著作权协议，很少有“网络信息传播权”方面的授权，出版单位在网络出版的过程中常常受作者的“网络信息传播权”的限制，一些优秀的作品无法及时在网络上发布。修改后的《著作权法》虽然在法律层面上给予了保障，但缺乏可操作性，不利于文化产业的发展和文化产业安全的维护。

3. 文化产业相关领域存在版权保护立法空白，影响了文化产业安全

随着文化产业的快速发展，版权保护相关领域出现了真空地带，对动漫网游、新闻出版、电影电视等产业产生了巨大的冲击。一些数字内容产品是通过互联网发布和交易的，需要特别的版权保护方式。现有的版权产业相关领域缺乏应有的法律

---

① 谭乃文：《我国文化产业立法研究》，中国政法大学硕士论文，2012。

规制，不能提供应有的法律保护，不利于这些产业发挥积极性，从而限制了行业的发展，不利于我国文化产业安全的维护。这使得版权保护的形式必须与之相适应，版权立法面临着新的挑战与要求。

以动漫网游产业的版权保护为例，我国《著作权法》没有对动漫作品中的角色保护做出具体的规定，司法实践中经常把角色作为作品的一部分加以保护。动漫作品中的角色具有独特的声音、形貌、动作等特征，构成了整体形象，使人们容易区分不同的动漫形象，所以动漫作品中的角色应当受到特别保护。另外，日本司法界已经肯定了通过著作权保护漫画作品的卡通形象。我国应当添补和加强动漫作品中角色的著作权保护，提高动漫产业的版权保护力度，提升我国文化产业国际竞争力，切实有效地维护我国的文化产业安全。

4. 版权行政管理体系缺乏协调和效率，不利于我国的文化产业安全

我国文化产业的资源配置主要不是由市场调节完成的，其中重要的原因是受计划经济体制的长期影响和市场准入制度的限制，依靠行政手段配置资源在很大程度上是必然的。文化产业资源的合理流动由于行政政策造成的壁垒而受到严重影响，我国文化产业市场处于条块分割的状态在所难免。文化产业企业在我国受到严格的市场进入管制。当前，我国文化管理部门主要是文化部、新闻出版广电总局、工信部以及国家旅游局 4 个系统，各管一摊。版权管理又涉及资源分配、知识产权、经济管理、人才培训、国际贸易等诸多方面，各职能部门分割的管理体制，难以形成有效

的共同协调。其不合理的管理格局与长期以来的官办合一体制相结合，造成了文化版权产业领域内的部门行业垄断、地区封锁现象严重、版权市场分割凌乱、流通渠道受阻、版权产业链被人为断裂，导致版权产业资源配置效率低下，浪费现象极其严重。版权行政管理体系缺乏协调和效率，不利于维护我国的文化产业安全。

三　版权立法在维护文化产业安全方面的国际借鉴

美国、日本、韩国等国家文化产业发展因起步较早而相对成熟，这些国家在版权立法方面较为完善，本文通过对其在文化产业安全方面版权立法的比较分析，以期为我国版权立法提供借鉴，更好地维护我国的文化产业安全。

（一）美国

1. 美国在维护文化产业安全方面的版权立法概述

1790 年，美国颁布第一部《版权法》，经过 1976 年的一次大的修订，美国《版权法》的基本框架得以形成。1982 年，美国颁布了《反盗版和假冒修正法案》。1987 年《版权法》的修订，主要是依照《伯尔尼公约》进行的，随后美国又于 1989 年正式加入该公约。1994 年 4 月 15 日签订了《与贸易有关的知识产权协议》（TRIPS），1998 年通过《数字千年版权法》，2005 年通过《家庭娱乐和版权法》。直至 2000 年，美国《版权法》先后经历了 46 次修订，版权立法日趋成熟和完善。“这些法律和规范为保护个人和公司的私有知识产权奠定了基础，从而刺激企业的创新精神、制造新工作岗位并积极推动行业的全面经济增长。”①

2. 美国版权立法在维护文化产业安全方面的特征

首先，版权保护的范围和时间不断扩大和延长，对版权侵权的打击力度持续加大，不断加强对文化产业安全的维护。

美国版权保护的范围不断扩大。从最初仅限于书籍、地图等内容，一直扩展至20世纪90年代的网络与数字作品。从作品发表之日起14年的最初的版权保护期限，到1998年再次把版权期限延长至作者死后70年，版权保护的期限不断延长。20世纪80年代，美国将重罪刑事处罚首次引入美国版权法，美国版权侵权的刑事处罚力度不断加大。这一切使得美国版权产业得以健康发展，良好的法律环境和社会环境逐步形成。

其次，视国内版权业的发展水平，不断调整其国际版权战略，切实维护美国的文化产业安全。

20世纪初，由于美国的出版业发展水平远远低于英、法等欧洲国家，美国大肆盗印欧洲的优秀文学作品。由于《伯尔尼公约》详细周密地规定了版权保护的相关内容，为保护自身相对落后的版权产业，美国政府长期拒绝加入《伯尔尼公约》。这些行为严重侵害了英、法等欧洲国家的利益，但为美国文化产业的发展争取了时间和空间。“二战”后，随着美国版权产业的不断发展，美国为进

① 〔美〕麦克·波林：《运用知识产权保护私人创意财产》，载陈忱主编《中国民族文化产业的现状与未来——走出去战略》，国际文化出版公司，2006，第61页。

一步拓宽其文化产品的海外市场，于1955年加入了《世界版权公约》，而美国《版权法》与国际主流版权保护体系实现对接，其标志则是1989年美国正式加入《伯尔尼公约》。

3. 美国不断扩张其海外版权市场，在全球版权保护立法方面积极主导，着力加强本国的文化产业安全

1994年4月15日签订的《与贸易有关的知识产权协议》（TRIPS），对计算机软件、数据库和其他版权材料的保护做出明确规定，该协议规定了知识产权争端解决的规则，协议的条款不允许成员保留。协议在知识产权保护国际贸易方面建立了一个新的标准，这将使全球版权保护达到一个新的水平。

协议的通过和生效顺应了美国版权产业的发展，有利于美国文化产品的海外扩张。TRIPS协议签署后，美国海外版权保护力度的加强，主要是通过修订TRIPS协议、签订贸易和投资框架协议、双边投资协定、自由贸易协定和区域贸易协定等措施得以实现的，此举进一步提高了美国海外版权的保护水平。①

美国极为重视对知识产权的保护，构建了全面统一的完善的版权保护体系，体现为多次修订1790年《版权法》以及先后出台了一系列版权保护的法律法规。美国政府在强化本国文化产业安全的维护方面，主要是通过对版权国际条约的推进来实现的。美国政府通过制定大量的文化产业发展政策，譬如设立专门的文化事务管理机构，对文化产业进行间接管理，为本国文化产业的发展提供了良好的发展软环境。

---

① 张昌兵：《美国版权产业政策的历史演变与启示》，《产业经济》2010年第7期。

（二）日本

1. 日本加强文化产业安全的版权立法历程

一方面，日本政府在政策上鼓励本国文化产业的发展，另一方面，制定了完善的法律、法规来促进文化产业发展。1970 年颁布的《著作权法》最具代表性。该法历经多次修改，于 2001 年 10 月 1 日更名为《著作权管理法》并开始实施。

日本于 2001 年 11 月 30 日，经过众、参两院审议，第 153 届临时国会提出并通过《振兴文化艺术基本法》，并于同年 12 月 7 日公布施行，该法案满足了日本民众不断高涨的振兴文化的愿望。

日本开始确认落实文化振兴计划中的相关政策，始于 2002 年 12 月《知识财产基本法》的出台。2004 年 5 月 28 日，日本国会第 159 次会议通过了促进内容的创造、保护及活用的法律，同年 6 月 4 日公布实施。日本这部文化产业专项促进法共四章二十七条，分别为总则、基本措施、振兴文化产业和行政机关措施。①

2. 主要特点：通过专门版权立法促进文化产业安全

为促进本国文化产业的发展，日本制定了专项的文化产业促进法，日本文化产业发展的方向与环境得以保障。②

日本极其重视对文化产业的保护，文化产业相对发达，在国际

① 中国社会科学院文化研究中心：《关于制定国家〈文化产业促进条例〉的研究报告》，载文化部文化产业司编《2008 年度国家文化产业课题研究报告》，云南大学出版社，2009，第 38 页。

② 中国社会科学院文化研究中心：《关于制定国家〈文化产业促进条例〉的研究报告》，载文化部文化产业司编《2008 年度国家文化产业课题研究报告》，云南大学出版社，2009，第 32 页。

上有着巨大的影响力。日本文化产业促进法的上位法为知识财产基本法，要求相关文化产业业态法的基本理念与其相符合，我国文化产业安全的维护可以借鉴这一经验。

（三）韩国

1. 韩国加强文化产业安全的版权立法历程

韩国政府非常重视文化产业的发展，在文化产业发展方面投入了巨大的人力、物力，并在政策法律上给文化企业以极大的支持和保障，将文化产业视为国民经济的支柱产业，使得近年来韩国的文化产业获得了前所未有的发展，影视、游戏等文化产业的发展尤为迅速，韩国大众流行文化风靡亚洲。韩国为切实维护文化产业安全，正在积极构建版权保护法律体系。

文化产业立法在韩国经历了三个阶段。第一个阶段：20 世纪 90 年代中期前的限制法时期。韩国政府主要通过制定相关法律限制文化产业的发展。第二个阶段：20 世纪 90 年代中期后的支持法时期。为支持和鼓励相关文化产业的发展，韩国在 1995 年先后制定了《影像振兴基本法》和《电影振兴法》。20 世纪末至今的第三个阶段，被称为真正振兴时期。在这一阶段中，韩国整合和修正了相关文化产业立法，制定了《文化产业振兴基本法》，韩国文化产业获得了进一步发展，取得了良好的经济效应和社会效应。[①]

一系列扶持文化产业发展的政策的先后颁布以及五部旨在促进

① 朴永大：《对韩国文化产业发展过程中法制整顿的理解》，载陈忱主编《中国民族文化产业的现状与未来——走出去战略》，国际文化出版公司，2006，第 67 ~ 71 页。

文化产业发展的法律的相继出台，奠定了韩国文化产业立法体系的基础。1999 年 2 月，韩国制定了《文化产业振兴基本法》，该法是世界上第一部文化产业促进法。该法加强了本国的文化产业安全，具有较强的示范作用和引导意义。

为了对网络数字内容的产业予以促进和鼓励，韩国于 2002 年 1 月通过了《网络数字内容产业发展法》。其后，韩国又于 2006 年 4 月修正了《文化产业振兴基本法》，文化产业版权保护纳入了多媒体等新兴文化内容，相应的知识产权保护的义务得以增设，扶持及培育文化产业发展所需事项得以确立，文化产业发展的基础有了进一步构筑。接着，韩国为推动文化创意行业的发展，先后出台了游戏产业、影像、音乐产业等相关振兴法律。[①]

2. 主要特点：通过整合、修正版权法律，促进文化产业发展

韩国以综合化整合为立法指导原则，通过制定文化产业基本法——《文化产业振兴基本法》，统一管理相关领域的文化产业发展，确立文化产业发展的长远目标，以文化产业基本法——《文化产业振兴基本法》为中心，制定文化产业相关业态的具体法律，通过结合具体产业部门的特点以及法律的可行性特点，相关政府部门、相关领域的职责分工得到了进一步明确。基于韩国文化产业迅猛的发展势头，大量相关文化产业法律的修订过于复杂和烦琐，韩国政府通过在文化产业基本法的统一引导下，制定具体细致的文化产业相关业态法律的立法模式，体现为韩国对本国文化产业版权法

① 贾旭东：《韩国文化产业促进法：积极构筑法律基础与环境》，《中国社会科学报》2010 年第 8 期。

律进行的整合和细化，以期为韩国文化产业的进一步发展提供更具效力的法律制度保障，从而更好地维护本国的文化产业安全。

四 完善我国版权立法，维护文化产业安全的对策建议

版权保护与文化产业发展有着高度的依存关系。我国知识产权保护体系的重要环节，体现为文化产业相关法律法规的制定与颁布。借鉴美国、日本、韩国的文化产业版权立法经验，对于研究中国特色的版权立法无疑具有重要的意义。构建我国版权立法体系，必须对各国国情的不同、文化的差异、文化产业发展程度不同以及法律、环境与社会等现状的差异等方面的因素加以考虑，必须适合我国文化产业发展的具体情况和国际文化贸易现状，更好地维护文化产业安全。

（一）构建文化产业安全基本法 + 相关版权领域单行法的立法模式

现阶段，由于我国文化产业涉及资源分配、知识产权、经济管理、人才培训、国际贸易等多个方面，现行相关版权立法体系不能完全适应我国文化产业发展的现实需要，我国应采取文化产业安全基本法 + 相关版权领域单行法的立法模式，即在统一的文化产业促进法的指引下，采用专项单独立法的模式。

日本及韩国的单独立法模式的做法值得我国研究和借鉴。日、韩两国通过制定文化产业统一的基本法，再以此法为指导，制定专

门的配套法律，形成了完整的版权保护法律体系。通过对日、韩两国版权法律制度的分析可以看出，在版权立法模式方面，两国的这种版权立法模式，既高效又有利于法律的执行，对我国的版权立法无疑具有一定的借鉴意义。

结合我国文化产业发展程度和发展环境，我国采取文化产业安全基本法+相关版权领域单行法的立法模式更为适合。

（二）完善文化产业安全的版权法律制度

1. 完善版权立法，全面维护文化产业安全

我国现行的《著作权法》及其配套条例立法的滞后与我国文化产业的快速发展极其不协调。目前制约我国文化产业发展的主要因素包括文化产业内容的模糊界定、文化产业主体资格范围的不确定等。随着我国文化产业的高速发展，新型文化创意产品不断涌现，在版权保护领域产生了许多新问题，影响着电影电视、传媒、新闻出版等产业的发展。许多行业，如手机彩铃、动漫游戏、数字版权、综艺节目等，涉及表演、音乐、建筑、影视等多个门类的创意。在维护文化产业安全方面，版权保护存在许多法律空白。

文化产业相关领域的创意，正是由于相关业态法律的缺失，而难以得到切实的法律保障，文化创意无法得到更好的支持与传播，这在一定程度上限制了行业的发展，不利于我国文化产业安全的维护。通过制定统一的文化产业基本法，以此为指导，制定文化产业安全专项立法，以推动文化产业的健康发展，加强文化产业安全。

2. 保障文化产业安全，提高版权立法层次

近年来，随着文化产业的发展，我国版权立法不断完善。版权领域相关法律法规的出台和运用，奠定了中国版权法律制度的基础，标志着中国现代版权法律体系建设基本完成。然而，在文化产业版权方面的法律只有一部《著作权法》，在文化行政管理方面，针对不同行业、不同区域，国家及地方相继出台了相关条例。整体来看，规范性文件在文化产业版权保护立法中，依然占很大比例。这些规范性文件、政策性文件虽然对文化产业的版权保护起了较为重要的作用，然而其较低的立法层次，直接影响了其管理的权威性和有效性①，不利于文化产业安全的维护。

比如，第三次《著作权法》修订送审稿提高了权利客体的法律地位。送审稿第 5 条将“作品”的定义由国务院行政法规规定上升为法律规定。② 权利客体法律定位的提高，有助于文化产业的进一步发展和文化产业安全的不断加强。

文化产业的保护范围和程度、保护措施和鼓励政策，必须由全国统一的法律法规来规制。提高文化产业版权保护的立法层级，对于促进文化产业健康、可持续发展、维护文化产业安全具有重要的意义。

3. 完善相关版权配套立法，全面维护文化产业安全

文化产业的整体协调发展，除了要制定与出台文化产业安全基本法，文化产业安全版权配套立法、政策的补充规定也是必不可少的。

---

① 明立志：《加强我国文化产业立法的几点思考与建议》，《今日中国论坛》2005 年第 12 期。
② 王自强：《著作权法修订与版权产业发展》，《法制日报》2013 年 6 月 28 日。

维护文化产业安全，必须构建一个相对完整的立法体系。对文化产业进行规范和保护，要制定多角度、多层级、多层次的法律文件。借鉴日本和韩国的经验，制定和实施文化产业基本法及其配套法规。良好的文化产业发展环境的构建、文艺消费人口数量的增长以及文化产业市场的扩大，最终会使文化产业从业者获得实质的利益。

一方面，中央、地方文化产业发展的规章、政策等要有法源基础，必须创建文化产业立法的法制基础，只有这样，文化产业发展的正确方向才能得以保持。另一方面，为了构建和扩大著作权交易平台、保障著作权交易安全，必须按照著作权中人格权、财产权的性质，对知识产权评估的内容和标准进行细化和设置。同时，要细化和规范文化产业中诸如数字版权产业等真空地带。推动广播电视行业、传媒业、广告业等产业的发展，要求细化相关创意门类的版权法律制度。①

综上所述，完善版权法律制度必须有效推动《著作权法》等法律法规的修订，加快立法工作，使其在加强版权保护、维护市场秩序方面发挥根本性的作用，以促进与版权相关的产业健康发展，确保文化产业健康发展和维护文化产业安全。只有这样，才能保证文化产业的健康发展，文化产业安全才能得以保障。

（三）完善版权行政执法措施，保障文化产业安全

1. 强化版权监管，严打侵权盗版

国家版权局近年来把版权监管执法作为版权工作重点，有效地

① 谭乃文：《我国文化产业立法研究》，中国政法大学硕士论文，2012。

维护了版权秩序。在 2014 年的第八次“剑网行动”中，各地共查办各类网络侵权盗版案件 282 件，移送司法机关 72 件，关闭网站 129 家。①

第三次《著作权法》送审稿第 76 条增加了惩罚性赔偿的规定和侵权人的举证责任；在行政执法方面，第 77 条和第 78 条提高了罚款的数额，第 79 条增加了版权行政管理部门“查封和扣押”相关场所或者侵权盗版制品和复制件的执法手段，强化了执法力度。②

通过强化版权监管执法，加大对侵权盗版的打击力度，为文化产业的健康、快速发展创造良好的环境，不断维护文化产业安全。

2. 依法强化整改督察，扎实推进软件正版化保护工作

推进软件正版化保护工作，首先要逐步建设统一、规范的数字网络国家版权监管平台，同时要支持各地建立符合实际需要的版权监管平台。其次要探索建立版权行政执法与刑事司法联动机制，进一步建立和完善投诉处理机制，加大刑事版权保护力度。

在软件正版化保护工作中，国家版权局的督查工作必须依法得到加强。2012 年和 2013 年组织了多次督促检查，推进了国家机关和企业的软件正版化保护工作。③ 另外，要建立健全各部门之间软件正版化保护工作的长效合作机制。软件正版化保护工作在推动我国软件产业发展和创新社会氛围的形成方面发挥了重要作用，我国文化产业安全不断得到加强。

---

① 于慈柯：《加强版权保护，促进文化发展》，《法制日报》2013 年 6 月 28 日。

② 王自强：《著作权法修订与版权产业发展》，《法制日报》2013 年 6 月 28 日。

③ 于慈柯：《加强版权保护，促进文化发展》，《法制日报》2013 年 6 月 28 日。

（四）完善国际应对法律制度，创造有利于文化产业安全的国际环境

近年来，各级版权行政管理部门在加强日常监管的基础上，连续开展打击网络侵权盗版专项治理行动，收到了良好执法效果。

1. 加强与诸如世界知识产权组织（WIPO）等与版权有关的国际组织之间的合作

建设国际版权新秩序是一个过程，特别是“关于广播组织条约”“表演条约”等新规则。我国要积极主动掌握话语权，顺应国际知识产权环境发展的要求；对于诸如世界贸易组织、亚太经合组织等多边框架，我们应当积极参加，严格按照有关国际公约和我国国内法处理重大版权问题，维护国家利益。

2. 完善工作机制，应对版权国际问题

版权国际问题较为复杂，为维护文化产业安全，必须完善工作机制。一方面，国际版权保护发展新动向需要及时把握，对于涉外的版权工作动态要深入了解。另一方面，要建立国际应急预案制度与请示报告制度，与相关部门的沟通联系显得尤为重要，最终建立的国际版权问题联动机制必须是能动和有效的。

3. 积极参与国际版权保护规则的制定

国际版权保护规则可以保护国家的版权利益。日前，由西方国家主持制定国际版权保护规则，因此版权保护及其要求的经济社会发展水平适合欧美国家，但远远超出了经济和社会发展落后的发展中国家的范围，因此，其在本质上是维护欧美等发达国家的利益的。

基于此，我国应当团结广大发展中国家和地区，在世界知识产权大会上，广大发展中国家要保持一致，针对现行不平等的世界知识产权公约，用一个声音强烈要求修改，以此实现世界版权保护的实质性平等和国际公平，发展中国家和地区的正当权益才能得以维护；我国应积极参与未来新的版权保护规则的制定，为加强我国文化产业安全创造良好的国际环境。

B.5

文化软实力对中国文化产业安全的影响

王卓宇*

摘　要：文化软实力是影响文化产业安全的重要因素。文化“软实力”对文化产业安全的影响既有积极的一面，也有消极的一面。在积极意义上，开放、包容的精神是文化以及文化产业发展的重要推动力；共同的文化传统和价值观有助于文化的顺利扩张；作为文化吸引力的一大源泉，现代性——或者说先进性为文化产业的发展开创了广阔的空间。在消极意义上，文化“软实力”的乏力制约文化产业的发展。

关键词：文化软实力　文化产业　文化产业安全　影响

文化一直是人类文明发展的重要推动力。文化历来是推动民族国家进步的动力，是民族生存发展的根基和源泉。文化在社会中起着启蒙思想、引导价值并推动精神文明发展的作用。

纵观一部世界史，我们看到从根本上决定一个国家存亡兴衰

* 王卓宇，博士，讲师，北京交通大学中国产业安全研究中心。

的，并不是坚船利炮等物质基础，而是以文化为主的精神力量，引领着大国获得发展的不竭动力；也正是文化的强弱带来的民族国家辐射影响能力的差异间接地决定了民族国家在世界舞台上的身份和地位，一个国家对其他国家影响力、吸引力和贡献力的大小，在很大程度上是由其文化决定的。

今天，文化也是国家综合国力的重要组成部分，文化是国家力量的一种体现。当今世界国家之间的竞争，从根本上就是文化之间的较量。以文化为主的软实力，正成为决定不同国家实力消长的重要因素。

正是由于文化在不同层面体现出其不可替代、不可或缺的重要性，国家提出要提升文化软实力，大力发展文化产业，让文化产业成为国民经济的重要支柱性产业。这对于当下正在崛起的中国而言意义深远。那么，作为两个彼此不同却又比较相近的概念，文化软实力与文化产业到底是一种什么样的关系，以及文化软实力对于文化产业安全有何影响，探讨它们之间内在的逻辑和现实关系，是本研究的主旨所在。

一　文化软实力、文化产业、文化产业安全之间的内在关系

（一）基本概念解读

1. 文化软实力

在分析文化软实力之前，我们首先需要理解什么是软实力。所

谓软实力，是指在衡量国家实力时与硬实力相对的一种力量；而所谓硬实力，通常是指经济、军事等有形的物质力量；与之相对，软实力则是文化、价值观、信仰之类偏向无形的精神力量。纵观历史，我们发现，曾经叱咤风云的强国，所凭借的不仅仅是物质力量，还有软实力之类的精神力量。没有软实力的辅佐，仅靠物质力量崛起的大国往往不能持久。

在当代，“软实力”研究的热潮是在哈佛大学教授约瑟夫·奈界定了这一概念之后掀起的。冷战之后，两大阵营之间剑拔弩张的局势得到了很大的改善。军事、经济等传统的衡量国家实力的因素虽然依然重要，但其重要程度有所下降。与此同时，文化、价值观念等精神性因素在国际社会中的重要性受到了更多的关注。正是在这一背景下，哈佛大学教授约瑟夫·奈在其发表于20世纪90年代的《变化中的世界力量的本质》《软实力》等一系列论文中，正式提出了“软实力”（Soft Power）的概念，并很快吸引了学术界和政界的关注，此后更是掀起了一轮“软实力”研究的热潮。约瑟夫·奈对“软实力”的界定，是在不同时期、不同论文中从不同的角度逐渐完善的。总体而言，约瑟夫·奈所界定的软实力，包括三个层面。其一为软实力的构成内容；其二为软实力发挥作用的方式；其三为相较于硬实力，软实力自身的独特优势。

虽然软实力研究的热潮是因约瑟夫·奈的论文及其对软实力的论述而起的，但是早在约瑟夫·奈之前，就已经有不同的学者和思想家认识到了文化对于一个国家的重要性。汤因比在《历史研究》中认为，历史研究的基本单位应该是比国家更大的文明。对历史现象的考察和比较，需要将其置于更大的宏观视野下，即文明的视角之下。另外，文明本身也是内涵极其丰富的，其中包括三个层面，分别为文化、经济和政治。在任何文明社会中，文化都是文明的精华所在。

对文化的重视，不仅体现在国家战略思考中，而且在企业管理中，将文化视为一种实力也是很普遍的。早在20世纪80年代，美国教授巴尼（Jay B. Barney）就指出企业文化可以带来持续的竞争优势，从而确保企业保持业绩。同时，巴尼教授还指出，企业文化具有的三个特征分别是价值性、稀缺性和难以模仿性。

在当代，在国家和企业战略中对文化的格外重视，是因全球化时代文化竞争的加剧促进的。冷战结束之后，传统的以军事为主的竞争逐渐让位于以经济、科技和文化为主的竞争。正是在这样的背景下，在衡量一个国家的综合实力时，软实力特别是文化软实力成了其中的重中之重，国家之间的竞争由以往谋取军事霸权和经济霸权逐渐转向为谋取文化霸权。

自1978年以来，中国的综合国力、经济建设以及产业结构都取得了极大的发展成就，然而从文化的角度来考量的话，我国的软实力建设比较滞后，特别是其中的文化软实力，还未彰显一个传统的文化强国和一个文化资源大国应有的水平；而文化产业的发展更是落后，只是最近几年，国家从战略的高度认识到了文化产业发展对于提升一个国家综合国力的重要性，因而出台了一系列鼓励文化产业发展的举措，试图将文化产业打造为国民经济中的支柱性产业。提升国家文化软实力，大力鼓励文化产业的发展，是提升我国国际竞争力的重要举措，也是促进中国现代化建设的必然要求。

那么，到底什么才是文化软实力呢？对于文化软实力的理解，可以从以下几个方面解读。

首先，文化软实力是指构成软实力的基本要素是文化。北京大学中国软实力课题组认为，软实力从其构成要素而言，包括制度、外交政策、政治价值观、意识形态等，而文化软实力这一术语旨在突出构成软实力的文化。

其次，强调文化在构成文化软实力中的作用，并不意味着文化或者文化元素等能直接等同于软实力。关于这一点，约瑟夫·奈也指出，人们在使用软实力这一概念时，往往会将软实力与软实力资源或软实力载体混为一谈。文化是软实力的重要载体，但文化本身并不必然就是软实力。文化转化为软实力，尚需满足特定的条件。[①] 虽然从软实力的角度来看，文化往往是软式力的核心构成和部分，也是软实力的主要载体，但文化并不必然等同于软实力。构成文化软实力的因素是多方面的，正如图 1 所示。[②]

最后，文化要转化为软实力，需要一定的条件，只有当这些条件具备的时候，文化才能成为软实力。而能够转化为软实力的文化，往往都具有吸引力，能够获得比较广泛的共鸣和认同。换言之，文化转化为软实力的条件在于文化自身具有足够的吸引力和影响力，唯此，文化才能彰显其辐射力，成为文化软实力（见表 1）。

---

① 吴桂韩：《文化软实力基础问题与发展战略新探》，《天府新论》2011 年第 2 期，第 99～100 页。

② 熊正德、郭荣凤：《国家文化软实力评价及提升路径研究》，《中国工业经济》2011 年第 9 期，第 16 页。

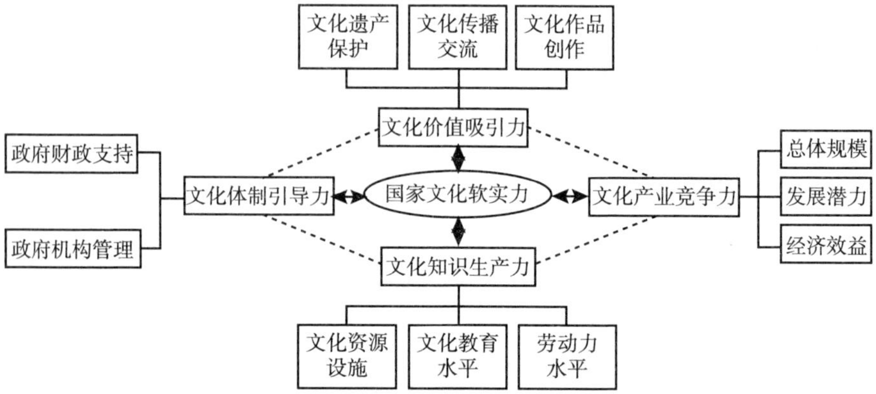

图 1　构成文化软实力的各因素

表 1　文化软实力构成要素体制

文化软实力	硬性文化资源产生的文化软实力	文化基础力	博物馆数；科技馆数；图书馆数；影剧院数；体育场馆数；高等院校数；科研机构数；非物质遗产数；世界物质遗产数；每百人拥有的宽带接入用户数
		文化发展保障力	文化发展的法治环境；文化发展的体制机制；国家治理能力；知识产权保护程度；社会秩序
		文化研创力	人才素质；人才数量；教育投入量；研发投入量；发表的科研论文数；居民申请专利数
		文化生产和消费力	文化产品总产值；文化从业人数；居民文化消费总值
		文化产品竞争力	报纸、杂志、图书、电影、电视、戏曲、版权、激光唱片等核心文化产品对外贸易状况
		文化产业竞争力	文化品牌数；福布斯 2000 公司排行榜上榜公司数；文化产业增加值占 GDP 的比重；跨国公司总部数
	软性文化资源产生的文化软实力	文化价值观	价值取向；民族精神；志愿者精神；慈善精神
		文化传播力	文化在国际上的知晓程度；世界友好国家；国际组织落户数
		文化包容性	外国人占总人口的比重；境外来的游客数；外来语言数（或者是本地语言的普及化程度）
		文化品位	传统文化的保护程度；传统文化的消费状况；历史遗迹的保护状况；传统文化资源的数量；居民生活质量（国家人文指数、幸福指数）

资料来源：《中国文化软实力评估与增进策略：一项国际比较的研究》。

2. 文化产业

中文术语中的文化产业，是由英文 Culture Industries 翻译而来。而追根溯源的话，文化产业这一术语最早出现在20世纪初由霍克海默和阿尔多诺合著的《启蒙辩证法》一书中。在这本书中，霍克海默和阿尔多诺用文化工业 Culture Industry 来表示对工业化、标准化的作业对于文化事业的戕害以及由此引发的担忧，因此，当时该术语想要表明的是一种批评的立场。

对文化产业的重视是由实践催生的。“二战”结束后，在发达国家谋求经济振兴的过程中，各个国家纷纷重视文化产业，并且在一些国家，文化产业在国民经济中占有相当重要的地位。在这样的背景下，发展中国家也对文化产业予以重视。

虽然各个国家都极其重视文化产业的发展，但对于什么是文化产业，国际上缺乏统一的界定。作为一种既有经济属性又有文化属性的特殊形态，各国对文化产业的解读也不尽相同。联合国教科文组织从生产文化产品所涉及的生产、流通、分配和消费的角度对文化产业做出了界定。联合国教科文组织认为，所谓文化产业，指的是按照工业标准进行生产、再生产、储存、分配文化产业服务的一系列活动。与此同时，在这一定义中，文化产业的产业及服务特征为生产过程分工细化、消费的大众化、系列化、标准化这四个方面，并未囊括舞台演出和造型艺术的生产和服务。在国别意义上，不同国家对文化产业的理解有所不同。美国虽然有着发达的文化产业，但在学术上并没有对文化产业的专门界定。事实上，美国的版权产业就是从文化产业的知识产权角度界定的。同样作为文化产业大国的日本，将与文化有关联的产业视为文化产业，并用内容产业来表示，以凸显出这些产业内容的精神属性。在日本，内容产业一般包括体育、娱乐、演出、新闻出版、广播影视等。关于文化产业的界定，在我国，根据文化部公布的《关于支持和促进文化产业发展的若干意见》，所谓文化产业指的是“从事文化产品生产和提供文化服务的经营性行业”。在我国，一般认为文化产业不同于文化事业。中国国家统计局在2004年颁布的《文化及相关产业分类》中提到文化产业所指的是为消费者提供文化服务和文化娱乐的产业及活动。此类产业或活动主要包括版权服务、新闻服务、文化用品、文化设备的生产等共九大类。从上述界定可以看出，我国的文化产业突出强调的是娱乐与文化的融合。综上可见，文化产业以生产和提供精神产品为主要活动，通过对文化及其意义的创作和销售，可以满足消费者的文化需要。狭义的文化产业包括文学、艺术、舞蹈、音乐、设计、摄影等。虽然各个国家和地区界定文化产业的视角并不相同，但普遍强调文化产业及文化产品的精神性和娱乐性特征（见图2）。

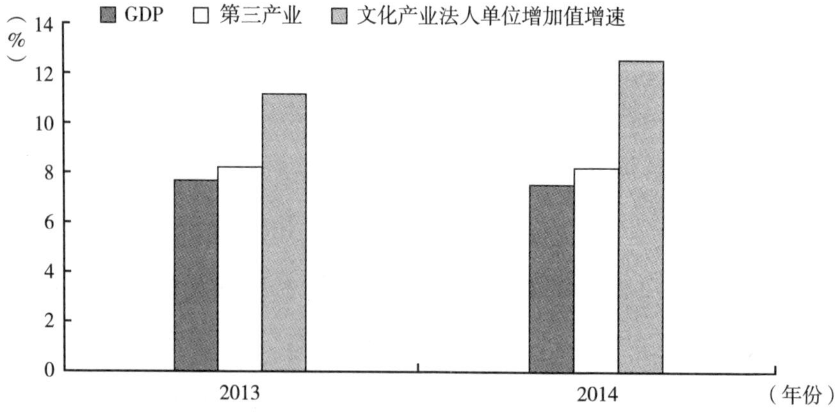

图2　近两年来GDP、第三产业、文化产业法人单位增加值增速情况

3. 文化产业安全

产业安全问题是在全球化时代随着商品、货物和资本的国际化而出现的，这一问题已经成了各个国家普遍面临的一个共同问题。在卷入全球化、参与国际分工的过程中，民族国家的产业安全问题不断地出现。经济全球化进程中跨越边界的生产要素和商品的流动，使得各个主权国家的产业面临着新的风险和不确定性因素。正是在这样的背景下，出现了民族国家的产业安全问题。在不断卷入经济全球化的过程中，外国企业通过国际贸易和国际直接投资两种方式，向本国产业发展提出挑战，并有可能把尚处于幼小阶段和成长阶段的产业扼杀在摇篮之中。当今世界上，不论是发达国家，还是发展中国家，都有产业安全问题。例如，美国以超级 301 条款为代表的保护主义政策和日本花样繁多的关税壁垒措施，他们的最终目的都在于确保本国的产业安全。[①] 在我国，自 20 世纪 90 年代以来，随着改革开放进程的加快，中国企业和产业面临的竞争环境日趋激烈。在这种情况下，产业安全的问题更加突出。

虽然产业安全问题是各个国家所普遍面临的一个问题，但是对产业安全没有统一的定义。在各种与产业安全相关的研究中，对产业安全的解读也是从不同的角度展开的。在实践中，尽管对于各个国家而言，产业安全问题是各国普遍面临的共同问题，但对于什么是产业安全，不论是政界、学界还是产业界都没有统一的定义。

在界定文化产业安全之前，有必要先厘清产业安全的概念。关

① 王允贵：《产业安全问题与政策建议》，《开放导报》1997 年第 1 期，第 27 页。

于产业安全的概念，目前的学术界中比较具有代表性的几种界定可以概括如下。第一，侧重国民主体的产业安全观，即强调以国民为主体的产业权益在国际竞争中得到保障，保护其利益不受损害。第二，侧重控制力的产业安全观，即突出强调本国资本在产业中所占份额及控制能力。第三，侧重竞争能力的产业安全观，这种产业安全观认为不同质的东西在量上也是无法直接比较的。因此竞争能力才是产业安全的关键所在。

上述几种视角所界定的产业安全观，虽然都从特定的角度指出了产业安全的内涵，但是它们并未抓住这一问题的实质。就第一种强调国民主体的产业安全观而言，在实践中，国民主体的地位往往难以界定。而强调产业控制力的安全观，仅仅是从形式上重视对特定产业的掌控，在实际中，产业的控制力是由市场规律决定的，绝非人为控制或资本操纵的结果，因而将产业安全视为一种产业控制，并没有抓住问题的实质。在产业缺乏竞争力的情况下，一味强调产业控制力只能是一种暂时的资本控制，并不利于产业竞争力的提升。而强调竞争力的产业安全观的问题主要局限于直接投资领域，强调本国资本对重要产业的控制权。然而本国资本对特定产业的控制应该基于产业的核心竞争力，而不是形式上的控制或资本比重。

本研究认为，考虑到产业安全的不同层次，对产业安全的考量应从中观和宏观两个层面展开。首先在中观层面，所谓的产业指的是产权界限明确、以经济收益为目的的生产要素组合。作为一个集合概念，产业由诸多具体的企业组成。企业的生产和赢利能力、未来发展的潜力等不仅关系着该企业的命运，而且事关相关产业的发展前景。在这一层面上的产业安全指的是本国掌控的达到一定规模的企业，这些企业具有良好的竞争力和发展前景，在开放经济中具有活力和优势。其次在宏观层面，产业安全强调的是合理有效的本国制度安排。制度是影响产业安全的重要因素，其重要程度远远超过外资、国外商品等的侵袭。不合理的制度安全会导致企业交易成本过高，影响企业的公平竞争，从而影响产业的健康发展。合理的制度安全一般都能在政府和市场之间划分好界限，确保两者的良性互动和彼此的边界。①

对于国家而言，产业安全问题一般包括如下四种基本情况。其一，本国整体产业布局均衡，缺乏特定产业，而特定产业是国民经济中必不可少的。其二，虽然本国拥有特定产业，但该特定产业发展落后，在国际竞争中毫无优势可言，因而该产业未来的发展前景堪忧，由于该产业发展滞后带来了产业安全问题。其三，本国拥有特定产业，但该产业基础薄弱，技术水平落后，产业门类不齐全，因而存在产业安全问题。对此，可称之为产业脆弱型不安全。其四，与前一种类型的前提完全一致，只是该国在这样的情景下，在借助其他国家先进的技术和产业优势来振兴本国的落后产业时，外资或国外技术反客为主，威胁到本国产业的安全，并掌控了该产业的发展命脉，产业安全问题更为直接和突出了。而且这一种情形，在引进和利用外资，尤其是与跨国公司打交道时，更有可能产生。对此，可称之为产业失控性不安全。②

---

① 景玉琴：《产业安全概念探析》，《当代经济研究》2004 年第 3 期，第 29 ~ 31 页。

② 于新东：《产业保护和产业安全的理论分析》，《上海经济研究》1999 年第 11 期，第 34 ~ 35 页。

（二）文化软实力与文化产业安全的内在关系

1. 文化软实力来源于文化

文化固然是文化软实力的重要资源，然而这并不是说所有的文化资源都可以直接转换为文化软实力。在实际中，只有当文化本身更富创造力和感染力时，才有可能成为文化软实力的素材，转换为文化软实力。王沪宁教授曾说过，只有将本国优秀的文化遗产激活，驱动和激发创新活力，并借助国际传播，使之成为国际范围内广受关注或认可的基本价值观和主流文化，这种文化的国家和地区才能获得文化软实力。此外还有学者指出，只有当文化具有内在的凝聚力、外在的竞争力、融合力和扩张力时，才能形成文化软实力（见图3）。

文化要体现软实力，必须具备的要素之一是文化要借助一系列有效的载体，通过富有吸引力的制度建设、民俗风情、先进形象塑造、发达的文化产业、广泛使用的语言文字等，体现文化本身的魅力。[①]

2. 文化软实力的强大与发达的文化产业密不可分

在市场经济环境中，文化的发展主要是以两种形态开展的，分别为文化产业和文化事业。文化产业具有营利性，而文化事业具有公益性。文化事业的发展可以提升国民的文化素养，进而提高国家的文化软实力。而文化产业的发展可以为社会提供丰富多样的文化

---

① 吴桂韩：《文化软实力基础问题与发展战略新探》，《天府新论》2011年第2期，第99~100页。

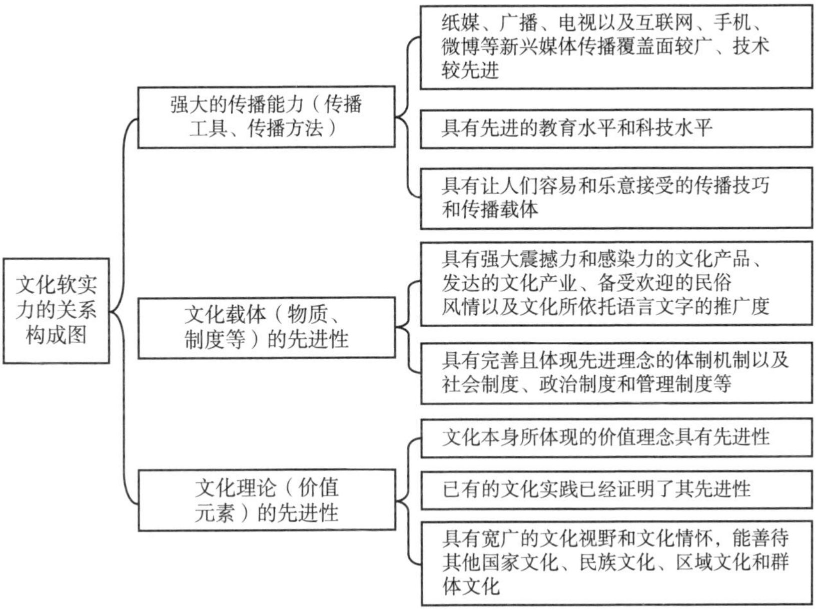

图3　文化软实力的关系构成

产品，满足不同层次消费者的文化需求，有助于释放社会的文化活力，促进本国文化产品和文化价值理念的传播和扩散。在当代，文化一般是通过文化产业的形式呈现的，因而文化与文化产业之间具有密切的内在联系，在提升文化软实力的过程中，文化产业的促进作用功不可没。美国、韩国等正是借助发达的文化产业来提升其在全球范围内的影响力的。

文化产业既是一种实力资源，是国家经济体系中的重要组成部分，又是国家文化软实力的物质载体。文化软实力的发达可以惠及文化产业的发展，为文化产业的发展提供精神资源。文化产业能够体现一个国家的文化软实力水平，而且文化产业的发达也可以起到提升文化软实力的作用。正因如此，为了促进文化软实力的发展，既需要文化事业的发达，又需要文化产业的高度发达。发达的文化产业有助于将本国优秀的具有特色的文化资源转化为产业发展的动力，促进文化产业自身和文化软实力的发展。[①]

文化产业是文化转变为文化力的重要载体，也是文化软实力的物质基元，提升文化软实力离不开产业逻辑的支撑，文化产业与文化软实力的协调递进，是破解文化力方程的一把锁钥。文化要转换为文化力进而成为文化软实力是有条件的，除了文化自身的意义着力点和价值赋予度之外，还需要一个文化产业的维度；有了这样一个维度，文化软实力才会获得自己的实力载体和物质基元，才能达成由软实力到硬功能的绩效资质和逻辑支撑。这里有几重逻辑关系需要厘清，在“文化与经济”的层面上，文化软实力需要以文化产品的经济体量和物质力量为基础，产业化的文化所创造的是“物化的智力”，作为精神形态的文化是不可能脱离物质生产的发展水平而独立存在的，正如精神不可能脱离物质而独立存在一样。[②]

文化产业是文化和经济紧密结合的产物，是表达国家文化软实力自身特性和张力最直接的产业。文化产业的发展已成为当今世界各国开展文化软实力竞争的重要领域。

3. 影响文化产业安全的因素是复杂多变的

文化软实力对文化产业安全的影响非常重大，但由于两者在社

---

① 吴桂韩：《文化软实力基础问题与发展战略新探》，《天府新论》2011 年第 2 期，第 99 ~ 100 页。

② 欧阳友权、纪海龙：《国家软实力的文化根脉与产业逻辑》，《社会科学战线》2013 年第 2 期，第 150 ~ 152 页。

会系统中所处的层次不同，文化软实力对文化产业安全的影响是间接的。

二 影响文化产业安全的因素分析

接下来本文将要分析的是产业安全问题的形成及其影响因素。国外学者对于产业安全问题的研究主要是从下述两种角度展开的，即产业国际竞争力和跨国公司直接投资。在国内的文献中，中国学者林宏宇早在1999年就提出文化安全是国家安全的主题之一的观点。而胡惠林提出，在全球化进程中，市场经济遵循的原则还是捍卫民族国家的国家利益，进而文化发展战略的目的在于保障国家的利益。于萍的研究认为，加入世界贸易组织后，我国文化产业面临的挑战主要是“文化殖民主义”等的冲击。黄旭东提出要确立文化市场准入的安全警戒线，处理好市场化和事业化的文化之间的关系。王耀中等则从意识形态和经济两种角度对文化产业安全做了界定。本文认为，目前我国文化产业安全面临的威胁并不是外在的，而是内在的发展滞后和缺乏活力。

从文化软实力影响文化产业安全的国际经验来看，美国文化对其文化产业的发展具有重要意义。美国特色鲜明的文化主要表现为以下几个方面。

（1）文化的大众化与流行化。美国文化的大众化与流行化表现在一系列大众消费领域中，体现在大众文化产品中，这些文化产品具有普及化和流行速度快的特点，包括流行音乐、文娱表演、影视戏剧、餐饮美食等。

（2）文化传播的政治性。美国文化在世界各地的传播和扩散，具有政治性和经济性双重目的。在政治上，美国文化服务于美国国家利益，对其他国家的价值观念和意识形态具有渗透和影响作用。在经济上，美国文化为本国文化产业的发展谋求国际空间。

（3）文化衍生的多元化。美国文化并不是单一文化，而是内涵多元而丰富的文化，富有生命力。美国作为一个移民国家，移民文化为美国文化带来了活力和多样性。

（4）传统文化的现代化与创新化。美国高度发达的现代科技和经济也为文化的现代化提供了动力，释放了文化的活力。

（5）文化发展的市场化与产业化。美国文化发展充分调动了市场的作用，发达而完善的市场经济体系为文化市场的繁荣提供了保障，文化通过产业形式获得了新的生命力和动力。

软实力可以体现在不同的层面，既可以是国家意义上的软实力，也可以理解为企业对员工进行价值观教育，使员工把企业的价值观作为自己的价值观，即价值同化。

在我国，自软实力这一概念传入之后，其概念内涵又有了新的发展。在国家软实力之外，还有诸如政治软实力、区域软实力、企业软实力等相关概念。硬实力和软实力并非仅仅适用于国家间事务，企业在全球市场上也要发挥同样的实力。2005 年 10 月，英国《金融时报》刊登了哈佛大学商学院教授约翰 · 奎尔奇一篇题为《软实力是如何赢得人心和影响力的》的文章，堪称企业经营的软实力时代的道路。他观念中的软实力强调企业提升外部号召力的能力。多年以来，中国的国民素质和形象，一直是中国软实力资源中的弱项。[①] 近些年来，地方文化产业园区空心化、主题公园亏损倒闭等问题不绝于报端，特别是以文化产业之名行“跑马圈地”，给文化产业园区发展带来隐形破坏，这为文化产业的健康发展埋下了隐患。文化产业如何明确其内生性增长动力机制显然是个关键。

我国文化产业存在诸多方面的安全隐患。第一，产业体系初具规模，但整体实力偏弱。第二，产业布局趋于合理，但区域发展不平衡。我国文化产业发展与经济发展格局基本呈现东高西低的区域不平衡发展态势，部分地区还存在发展思路单一、产业结构雷同的问题，缺少差异化的发展战略。产业主体壮大，但集约化不高。产业外向度有所提升，但在国际竞争中处于劣势。文化贸易逆差严重，我国文化产业与服务进口和出口比例约是 10∶1，对欧美国家甚至达100∶1。第三，文化产业建设物质化严重，缺乏实质性的、富有创意的建设。国内文化产业建设存在物质化严重的倾向，各地热衷于大工程、大项目、侧重硬件设施建设，而相对忽略了文化产业的本质实际上是创意经济，其生产的是精神产品，创意能力才是其核心价值。一直以来，我国的文化产品出口缺乏自主品牌和创意，其中大部门为依托廉价劳动力而获得成本优势的低附加值“硬件产品”，例如简单工艺品、装饰品及印刷品等；以内容和创意为主的高附加值“软件产品”比例不高。尽管 2012 年我国文化产业总产值突破 4 万亿元，但所占 GDP 比重不足 4%，占世界

① 韩勃、江庆勇：《软实力：中国视角》，人民出版社，2009，第 135 页。

文化产业市场份额不足3%，与文化产业发达的国家存在较大的差距。

厉以宁教授认为，文化产业产品的评价有它的滞后性、反复性和长期性，也就是说，文化产业产品如果形成了无形的产品，那么它对社会所起的是消极的作用还是积极的作用，必须由社会主义核心价值观来评判。营利性的文化产业单位也应有两条底线，一条是法律底线，另一条是道德底线。文化产业因为它的复杂性所以要有一个试验区。

三　文化软实力影响文化产业安全的层面

（一）文化软实力对文化产业安全的多重影响

将文化产业振兴作为国家战略，这一认识转变体现了我国对文化产业重要性认识的不断深化。党的十五届五中全会第一次正式提出发展文化产业，党的十六大、十七大报告再次强调文化软实力、提高文化生产力等，凸显了文化产业、文化软实力在国家战略中重要性的提升。

（二）文化软实力对文化产业安全的影响层面

国家文化软实力对文化产业的提升表现在文化与经济两个层面。在文化层面，文化振兴战略通过释放文化生产力，可以为文化消费者提供丰富多样的产品供给，满足消费者的文化需求。文化振兴战略还可通过促进文化市场的国际化，提升中国文化在世界范围内的影响力。文化振兴战略的经济意义，主要在于在提升国家文化软实力的同时促进国民经济的增长。

（三）文化软实力的乏力制约文化产业的发展

相较于我国的经济体制改革，文化体制改革明显比较滞后。自改革开放以来，我国文化事业发展的财政支持主要来自国家财政的转移支付，公益性的文化事业发展是我国长期以来文化发展的主要方式。而自20世纪90年代以来，文化产业在世界范围内都在快速发展，并且成了发达国家国民经济中的支柱产业。2004年，美国、日本和韩国的文化产业在GDP中所占的比重分别为21%、18.5%和15%。与之相比，我国2008年的数据表明文化产业增加值仅占GDP的2.43%。在这种情况下，我国需要进一步提升文化软实力，促进文化事业、文化产业的大发展，从而为社会主义的文化建设和文化繁荣提供新的动力。[①]

文化的产业化有利于借助市场力量释放文化的活力，借助市场传播实现文化产品的价值。在全球范围内，近年来，国际产业分工格局正向产业链的垂直分工转移，在这种分工格局之下，借助创意、技术和优良管理能力取得发展优势的国家处于产业分工的上游，更有利于产业竞争。

在世界创意经济和我国产业结构大调整的双重机遇和挑战之下，文化产业振兴有着深远的意义。对我国而言，文化产业振兴

① 钱志中：《文化产业振兴的国家战略与国家文化软实力》，《南京艺术学院学报》2011年第2期，第58页。

助推软实力的提升尤为重要。我国文化事业的发展为文化产业发展提供了一个相对坚实的平台，为文化产业发展提供了必要的文化设施和人才队伍，从而为文化产业发展提供了良好的前提条件。而国民经济的稳定发展以及国内消费结构的转型升级，为文化产业发展创造了一个良好的市场空间。此外，借助以信息技术、媒介技术为主的高新技术发展，有利于文化产业链的延伸，释放更大的生产力。

此外，致力于促进软实力提升的文化产业振兴还有利于推动国民经济的发展。一方面，文化产业发展将成为国民经济发展的重要方面，文化产业的繁荣将成为经济发展的新动力。另一方面，文化产业发展也将在传统产业升级中突出文化的附加价值，强调企业的品牌、商誉等非物质性因素的重要作用，从而带动更多企业和行业的发展。[①]

（四）软实力对于文化产业发展的积极影响

1. 开放、包容的精神是文化以及文化产业发展的重要推动力

所谓“海纳百川，有容乃大”，正是开放与包容，成就了文化的辉煌。没有开放与包容精神，人们就堵塞了发展文化和文化产业的主要源泉。

唐朝代表中华文化的最高成就。唐朝人以恩泽四方的心胸，迎来了万国来朝的盛世。在文化方面，最典型的是佛学思想在唐朝被

① 钱志中：《文化产业振兴的国家战略与国家文化软实力》，《南京艺术学院学报》2011 年第 2 期，第 58 页。

大规模引进，佛学书籍一度超过了儒学典籍的十倍，形成了儒、释、道共存的局面。

上海曾经是举世公认的文化大都市，不仅对中国内地具有巨大的辐射力，而且对整个东亚地区都有着重要的影响力。上海的这种地位的形成，最根本的两个因素就是开放与包容。因为全方位开放，上海成为典型的移民城市，全国乃至世界各地的精英大规模地会聚到上海。外来人口的到来和高度的异质性为上海文化带来了多元化的种子，在开明包容的风气之下，上海存在多种不同的，甚至对立的思想观念，从而形成了具有活力的多元文化格局。

美国发达的文化产业同样是建立在开放、包容和乐于实验的精神基础之上的。作为一个移民国家，美国虽然偶尔采取封闭措施，但开放是其国策的主旋律。各国人员不断进入美国社会，为美国的多元文化奠定了基础。在文化方面，美国的主流文化既容许多种文化的存在，也不断吸收亚文化乃至其他国家文化。正是这种共存与融合，使美国文化拥有了广泛的吸引力。例如，在政治文化方面，欧洲的政治文化对美国三权鼎立制的政治模式、人权观念和市民社会的形成与发展都产生了重大的影响。这一点为欧美之间的盟友关系奠定了扎实的基础。在影视文化方面，美国影视公司制作的《花木兰》《功夫之王》《木乃伊3：龙帝之墓》《功夫熊猫》等均吸纳了中国元素，对中国观众产生了巨大的吸引力。在音乐方面，起源于美国黑人的说唱乐赢得了美国白人的喜爱，甚至在世界范围内广泛流行。

基于这些现象，我们大概可以得出这样的结论：文化与文化产业的发达，即便并非单纯依靠开放与包容的精神，也决然不能在缺失这种精神的条件下实现。而这种精神是构成民族文化之核心的要素，是这个国家的一种软实力资源。

2. 共同的文化传统和价值观有助于文化的顺利扩张

亚洲国家普遍受儒家思想的影响，这种共同的文化传统为这些国家之间的文化交流铺平了道路。这些年来，韩国产品和文化在中国大行其道。从官方电视台到街头的音像店，韩剧已占据半壁江山，俨然成为中国人的精神食粮了。这种情况不仅发生在中国，而且整个亚洲市场都被韩剧大量地挤占了。这其中的缘由，按照尤小刚的说法，就是韩剧采取了“日本的故事结构 + 中国的儒家文化底蕴 + 人造的俊男美女 + 先进的技术成就”模式。中韩经济发展水平差不多，文化传统和都市生活水平有相似之处，韩剧恰恰满足了中国观众的情感和心理需求，这为韩剧在中国的攻城略地奠定了扎实的文化基础。实际上，共同的文化传统意味着一种潜在的强大感召力，这正是软实力的形式之一。

当两个国家具有不同的文化传统、社会制度和意识形态时，文化产业的跨国扩张则可能受到抵制。这种抵制并非来自文化消费者，而是来自政府。长期以来，防范资本主义意识形态渗透在社会主义国家维护本国社会制度的事业中一直占据重要位置。而要防范资本主义意识形态渗透，就要禁止或者减少资本主义国家——尤其是美国的文化产品的进口和传播。在 20 世纪 70 ~ 90 年代的中国，人们对这种现象深有体会。

3. 作为文化吸引力的一大源泉，现代性或者说先进性为文化产业发展开创了广阔的空间

现代性是具有普世意义的，正因如此，美国文化不仅通过融合

其他国家的文化而获得吸引力，而且通过现代性或者说先进性获得吸引力。这使得它的吸引力源泉在个性之外又多了一个强有力的共性。

就目前的情况来看，即便美国文化、美国人的生活方式并非唯一的现代文化和生活方式，它也是一种现代文化和生活方式的主要形态。在这种形势下，拒斥美国文化和美国人的生活方式就可能被视为保守、落后，这一点让很多人对美国文化和美国人的生活方式趋之若鹜，另一些人则难以招架。例如，电视已成为一种不可抗拒的现代性象征，现在大多数国家的人们都视之为一种必备的家用电器。外部普遍追求现代性的动力，以及自身作为现代性的化身的地位，将赋予美国在文化产业发展上以巨大的优势。

实际上，将美国的文化帝国主义完全归罪于美国的传统观点是狭隘、片面的。美国文化的扩张在很大程度上得益于全球性的现代化。人们责备美国文化霸权的某些现象，其实都是现代化的必然结果，体现的是某些传统与现代性的矛盾。

软实力与文化产业之间这种密切的关联意味着：软实力与文化产业之间存在相辅相成的关系。为了发展文化产业，人们需要发展和运用本国的软实力；而为了发展软实力，人们需要在发展文化产业上下足功夫。

四　启示

在马克斯·韦伯的《新教伦理与资本主义精神》中，韦伯提出了一个知名的论点，那就是新教徒的思想影响了资本主义的发展。新教徒把赚钱本身当作一种目的，当作一种职业责任，是美德和能力的表现。这个观念是资本主义社会伦理中最具代表性的东西，而且在某种意义上说，它是资产阶级文化的根本基础。由此可见，经济因素、技术因素并不是推动历史车轮的唯一力量，在宏观层面上，作为文化软实力主体的精神和信仰，是推动社会发展的重要力量。

资中筠在《冷眼向洋》一书中认为，美国的活力在于两大思想因素，即体现在宪法中的自由主义思想和社会中的基督教精神。基督教精神在美国社会中发挥着道德教化的作用，能够约束个人和团体行为自律，起到净化社会的作用。所以，我们不能否认文化硬实力的经济价值，但是也不能忽视文化软实力的作用。我们必须提高对文化繁荣与发展的整体性认识，全面把握文化产品的意识形态性和商品性，深刻认识发展文化软实力的深远意义，坚持文化生产的软实力与硬实力的辩证统一，不断提升文化建设的高度与深度，建设中国特色社会主义事业，促进文化大发展、大繁荣。

文化产业是文化软实力的重要表现和载体。在全球化加速推进的时代，文化软实力的提升与文化产业发展的程度具有密切的关系。没有发达的文化产业，没有强大的文化产业，就不可能有具有影响力的文化软实力。为了提高文化软实力，首先需要振兴和促进文化产业发展，确保文化产业安全。

目前，我国文化产业的发展阶段尚处于快速发展阶段。如果以人均 3000 美元的发展水平来评估的话，我国文化产业发展水平低于世界平均水平。在目前这个阶段，我国文化产业安全的主要问题在于内在的发展滞后和不成熟，而非外在竞争或外部因素的威胁。

我国文化产业安全中存在的内在问题主要体现在以下几点。首先，资本供给短缺。我国文化产业发展起步比较晚，面临着资本投入不足的问题。尽管近年来在一系列政策因素的刺激下，文化产业发展的金融支撑力度有所加强，但是文化产业还是存在“融资难”的问题，特别是对于一些中小型企业而言。其次，技术水平落后。文化产业发展与技术进步密不可分，技术进步是驱动文化产业进步的动力之一，这些技术包括制造技术、传播技术等，没有先进技术支撑的文化产业很难具有竞争力。再次，创新能力不强。文化产业最具竞争力的部分在于内容创新。我国文化产业中的创新水平不高，创新能力薄弱，严重制约了产业化的发展。最后，人才队伍不完善。文化产业的发展既需要富有创新意识的设计人员，也需要懂得现代管理方式的管理人员，而我国文化产业中最缺乏这两种人才。

我国文化产业中存在的安全问题主要包括以下几点。首先，文化产业发展不健康，产业效益低下，泡沫化现象严重，投入与产出失衡。其次，文化产业有效供给不足，存在较大的供需缺口。最后，文化贸易中的安全隐患突出，主要表现为文化出口水平和层次较低，而进口以文化内容为主，文化贸易中的不对称性问题很突出。

考虑到文化软实力对文化产业安全的重要影响，为了促进文化产业发展，避免危害文化产业安全的因素，本文建议在如下方面采取措施。

第一，促进文化产业要素安全，扶持产业发展。为了促进文化产业要素安全，需完善文化产业投融资体系，不仅要加大中央财政对文化产业的金融支持，而且要积极利用和吸收社会资金。在研发方面，要加大对技术创新的支持力度。要加强知识产权保护，杜绝抄袭、复制创意等行为发生，保护创新成果。要打造一支高素质的具有创新活力的优秀人才队伍。

第二，实施产业分类指导，维护文化产业结构安全。针对不同的产业采取不同的扶持方式，要重点支持内容产业和动漫等产业的发展。通过文化产业重大项目、文化产业园区和基地建设等手段，促进骨干文化企业发展壮大，带动文化内容产业的繁荣。

第三，要鼓励文化骨干企业发展，实现文化产业组织安全。对于具有较大发展潜力的文化企业，鼓励其不断加强自主创新能力，激活企业活力，培育骨干企业，带动其他相关企业的发展，并不断优化和调整文化产业链，促进产业集群的发展，产生规模效应。

第四，以产业保护政策促进文化产业贸易安全。为了确保文化产业贸易安全，我们可以借鉴发达国家的经验，美国、日本和欧盟国家等均对文化产业给予了各自的支持，如通过设立专项基金、赞助、补贴、税收、信贷等手段促进本国文化企业的发展。在我国文化贸易领域，可以积极利用 WTO 协议中的技术贸易和绿色贸易壁垒，为我国文化产业发展提供保护，赢得更多的发展空间，此外，还可借鉴韩国的经验，通过影视作品影响消费者的偏好，建立消费者对本土文化的认同感。

B.6

数字化媒体技术与平台对文化产业安全的影响

陈学民*

摘　要： 数字化技术媒体的出现对“新常态”下的社会生活具有重要且深远影响。数字新媒体以大众传播理论为依据，融合了信息科学、数字技术与文化艺术，将信息传播载体发展到了一个新高度。数字化新媒体构建了一个更复杂、更发达的网络空间，为我国文化安全带来全新挑战和机遇。数字化媒体技术是双刃剑，它既可以有效提高人民的文化生活水平，但也可能是侵蚀当地文化和传统、侵犯国家主权的工具。数字化媒体技术平台的行业治理必须以国家文化安全为基本目的，打造安全可信的数字虚拟空间，为形成具有中国特色的立体多样、融合发展的现代传播体系保驾护航。

关键词： 数字化媒体技术　数字化媒体平台　意识形态　文化安全

* 陈学民，天津市人，博士，北京印刷学院文化产业安全研究院讲师。

一 引言

文化产业安全具有产业层面安全及文化层面安全双重特征，本报告主要阐述数字化媒体技术及平台对文化层面安全的影响，同时兼顾产业层面安全。

数字新媒体的传播载体形式和传播内容采用数字化方式，以数字技术和信息科学为技术手段，以大众传播理论为根据，结合文化与艺术，将信息数字传播技术应用到文化、艺术、娱乐、商业、教育和管理等领域。数字新媒体在人们生活与工作的方方面面进行了全面渗透，已经成为信息社会中最具广泛性的信息载体。

数字媒体平台一般向客户或用户提供服务，并不是指具体软件本身。数字化媒体技术的“双刃剑”特征正日益明显。一方面，数字化媒体技术与平台极大地丰富了人民的精神文化生活，对推动一国的文化产业与文化事业起了积极作用。另一方面，数字化技术早已超越了单纯技术工具的内涵，而是作为一种全新的交流传播工具在很大程度上改变了原有的人与人之间的交往和联系方式、工作和学习环境乃至整个社会结构，对原有的社会价值观念形成了冲击，甚至影响了基于现行权力机构的社会稳定。换言之，数字化媒体技术与平台引起了一种新的授权过程，使信息成为更多人手中的武器。

中国数字媒体于 1995 年随着互联网的出现开始兴起，其中主要包括互联网、手机、IPTV 互动电视网、移动数字广播电视网等。事实上，自 2012 年起，数字媒体在中国已经成为中国媒体主流。

数字媒体成为人们的日常主流媒体之后，会与传统传媒互相影响、补充相当长一段时间，满足不同人群的习惯。

中国经常观看在线视频的网民连年上升，已近3亿人，在线视频在今后的一段时间内会成为数字媒体广告预算的主要投放方式。中国各类社交网站用户上升速度也很快，目前接近2亿人。为增加访问流量，很多主流互联网媒体正在或即将提供特色社交化服务。在线视频服务和社交媒体是数字媒体新的主要发展方向。

下面简要阐述我国文化传媒产业的特征，由于数据和资料的可得性，我们的研究未必全面，但有一定的代表性。

在我国，文化传媒产业架构是由中宣部领导，新闻出版广电总局和文化部具体执行，涵盖广播、电视、电影、报纸、期刊、音像制品、游戏、动漫、文艺演出和艺术品等领域（见图1）。

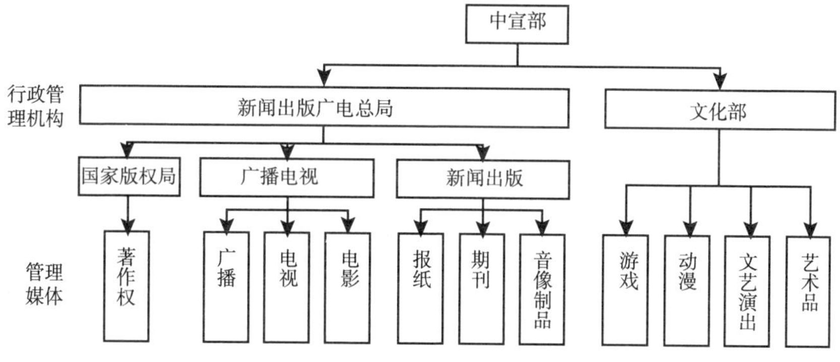

图1　文化传媒产业架构

从发展历程上看，我国从20世纪80年代开始恢复传媒产业，逐步发展壮大，不仅成立了若干传媒产业集团，而且于2010年进一步进行三网整合改革（见图2）。

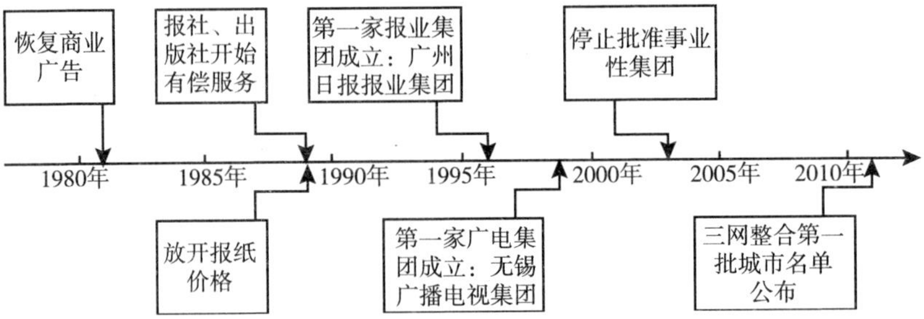

图 2　文化传媒产业发展历程

二　数字化技术与产业结构调整

中国处在社会经济“新常态”的转型期，虽然中国互联网普及率在世界上并不算高，尚未成为信息化国家，但由于我国体量很大、人口众多，所以呈现一些特征与挑战，并具有五个全球第一：网络规模全球第一；网民数量全球第一，已经超过了 7 亿人；手机用户全球第一，达到 12 亿人，智能手机使用人数接近 7 亿人；直接用手机上网的人数全球第一；社交网络和即时通信工具数量全球第一。我们实际上处于无处不在的网络、无处不在的计算、无处不在的软件、无处不在的知识中。

一般来说，技术创新对产业结构变化有明显的影响，一方面，技术创新导致生产要素发生转移，另一方面，技术创新会改变市场的消费需求结构，也会使社会经济产生新的主导产业，并与旧有传统产业融合。下面以电视剧行业和网络视频为例说明。

电视剧行业是传统的以广告为主的赢利模式，热播电视剧为王。下游播出渠道的收入来源以广告为主，而广告收入取决于电视剧的收视率（部分广告商会依收视点位同电视台结算广告费），这就造成下游播映机构竞相购买热播电视剧。在整个电视剧产业链中，电视台作为最大的播映方和传统的制作方，有着特殊的地位。而快速发展的网络视频对传统的电视台造成了不小的冲击（见图 3、图 4）。

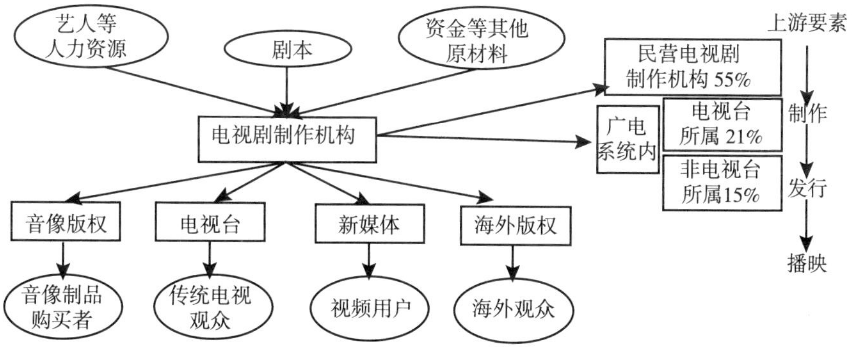

图 3　电视剧产业链

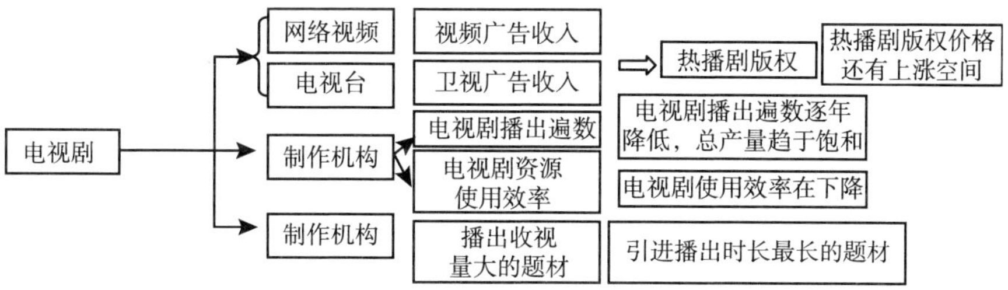

图 4　电视剧收入分析框架

以网络视频为代表的网络新媒体发展迅速。图 5 ~ 图 7 报告了有关数据。从中可以看到，随着国内网络视频服务的普及，人们更多地使用网络视频来获取电影、电视剧、新闻视频等资讯内容。网络视频用户已经进入平稳增长阶段，同时，网络视频使用率自2010年以来保持在62%以上。

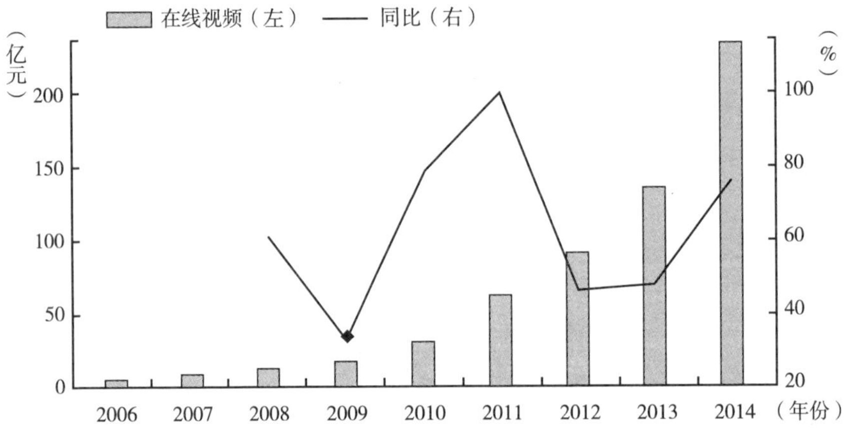

图5　网络视频市场规模

资料来源：Wind资讯。

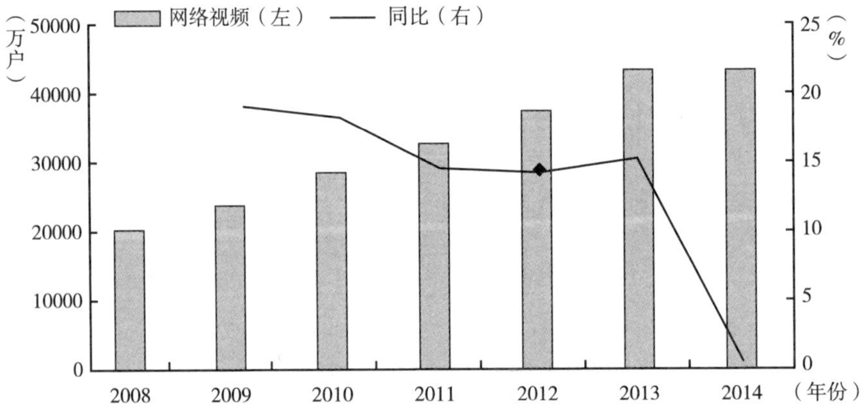

图6　网络视频用户数

资料来源：Wind资讯。

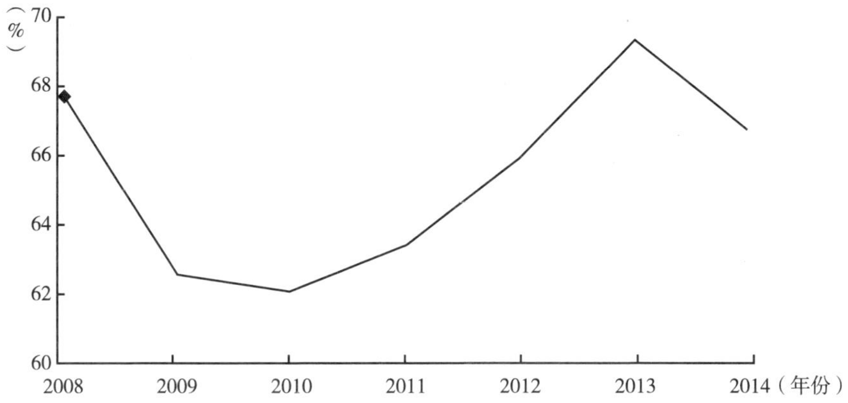

图7　网络视频使用率

资料来源：Wind 资讯。

在技术创新对产业构成的影响中，我们注意到：第一，技术创新使生产要素转移到具有较高生产率的产业中，产业结构发生变化，社会资源配置得到优化。技术创新有可能淘汰旧有生产率较低的产业和生产方式。

第二，嵌入新产品中的技术创新改变市场消费需求结构，导致产业结构升级。激发产业技术创新的根本原因在于其商业价值，而商业价值的产生源于需求。技术创新使得新产品更新换代更加频繁，成功的新产品或新工艺由于性能更好、功能更强，满足了人们的新需求，进而导致需求结构和市场份额的变化。以电子产品领域中的手机为例，从完成简单通话、收发短信功能的手机到智能手机的变迁，不仅能够满足多样化的需求，而且进一步创造了新需求。由于包括好奇心在内的各种心理因素，新生代人群往往对新产品表现强烈的兴趣。

第三，产业结构中的主导产业发生变化往往是由于技术革命。

在工业革命时代，工业领域中的技术创新最为集中，劳动力水平和发展增长速度处于领跑地位，进而带动其他行业发展。信息产业具有附加值高、渗透性强、技术创新性强的特征，21 世纪的特征之一是知识经济，信息技术产业开始逐渐成为主导产业。

第四，技术创新有促进产业融合的功能。比如农业与信息技术融合产生绿色信息生态农业、制造业与信息技术融合产生物联网等人工智能产业，产业渗透更加常规化，产业关联度更强。

数字化技术环境下的文化产业是网络化的产业，网络可以分为实体介质网络和虚拟网络空间。多数国家对实体介质网络行业的准入实行严格的管制，并逐渐形成自然垄断行业。但由于世界范围的电信自由化和私有化潮流，很多国家的实体介质网络行业从寡头垄断逐渐转向垄断竞争。根据经济学基本理论，引入竞争是反垄断策略的重要步骤，因此，我国应在一定程度上鼓励数字化文化企事业之间的有序竞争，尤其是异质网络竞争。这种竞争可以是重建新的同质网络，也可以是引入异质网络，比如允许不同网络通信方式。

数字化技术和平台应用最重要的板块之一是数字出版市场。数字终端制造商对中国数字出版市场尤为敏感。截至 2014 年，中国智能手机市场成为全球智能手机销售量最大的市场。韩国三星公司生产的 GALAXY 系列智能手机销量稳居全球首位。

数字阅读终端也不断更新。英特尔与微软于 2012 年推出了 Surface 系列平板电脑，并开发了基于 Windows10 系统平台的阅读应用程序，正式向教育领域和大众消费领域进军，由此人们的数字阅读习惯在加速转变。

数字出版业务也是目前数字新媒体关注的领域，谷歌公司于

2005年便启动数字出版项目，主要包含出版商合作项目和图书馆项目。其中，图书馆项目是谷歌公司与美国的一些名校比如哈佛大学、密歇根大学、斯坦福大学等图书馆合作开展互联网检索业务，并与纽约市公共图书馆开展珍贵资料的数字化。谷歌图书馆项目大约提供电子图书约500万册，并拥有1000余万册藏书，其中绝大部分的公共图书可以供全世界用户免费阅读。此外，为提高软件的通用性，谷歌电子阅读应用程序适用于iOS和Android等操作系统。

销售商不满足于仅仅进行销售业务，也开始逐步尝试内容生产。网络图书销售商亚马逊在2011年开始出版适合大众口味的图书，包含纸质版和电子图书。对此，国际有媒体评价："亚马逊不仅对书店也对出版社构成威胁。"亚马逊在其中国网站提供免费的阅读软件及电子图书下载，开始争夺中国出版市场。

传统出版业以内容为王。传统出版企业曾拥有绝对的话语权和控制权。这是由于在整个产业链中，掌控内容的出版社的地位举足轻重。出版社掌握有书号或刊号这种稀缺资源，只有经过各级出版部门的审查和出版社的授权，纸质内容才能公开、合法地出版。但随着近年来新媒体的发展，作者可以绕开出版社直接在数字媒体上发表作品获得收益。由于媒介融合的趋势以及网络文化的兴起，出版业产业群边界变得日益模糊，不再是受到行政严格管辖的封闭圈子。一些过去看上去与出版完全不相关的行业也在逐渐侵蚀属于传统出版业的地盘。从目前的形势来看，在数字出版产业链中占绝对主导地位的是技术供应商。

文化产业领域中的一个新特征是技术驱动，因而，较好的反垄断政策能维持市场竞争格局并促进技术创新。基于此，反垄断措施可以考虑开放行业标准以及限制垄断者的反竞争行为。潜在的垄断者应该无条件地提供必要信息给软件开发商和竞争对手以保证公平。比如，针对微软，欧盟和美国迫使微软开放界面标准给竞争对手，事后看来完全正确。美国和欧盟都反对微软通过限制性措施或排他性的合约，来限制其竞争对手的同类技术的应用。事实上，对微软采取的反垄断措施，在客观上造成了谷歌公司的崛起以及苹果公司的复兴，但这又构成了新的反垄断格局。

到 2015 年为止，我国在处置跨国公司进行市场垄断时不算得力。《反垄断法》使得我国反垄断政策及规制有所进步，但从近几年信息产业出现的反垄断诉讼中可以看到，我国在具体操作层面依然乏力。比如，2013 年，由奇虎 360 和腾讯之间的 3Q 大战所导致的奇虎公司对腾讯公司的反垄断诉讼最后基本不了了之。但是，有关方面仍然没有对信息产业中的垄断问题以及垄断对相关产业发展的不利影响给予足够重视。

本文指出，中国反垄断政策应该足够重视某些含有新媒体特征的大型跨国企业的市场行为和垄断力量，比如谷歌、微软、苹果等大公司，并通过法律武器限制其实施反竞争行为。中国的信息技术企业成长需要较长期的公平环境，微软为击败我国主流办公软件，不惜默许盗版软件在中国市场流通，并使用 Windows + Office 组合模式进一步打击我国自主开发的软件，垄断市场占有率。我国在制定反垄断政策时应当特别注意这类垄断组织的新型反竞争行为，它们有可能严重伤害我国的新媒体产业。

行为主体认识上的差异和局限决定了如何对待新媒体技术创

新，是否应该采取行动，以及采取何种行动。需要指出，社会系统采用新颖的观念、实践或事物其实是对社会进行重新建构的过程。在此建构过程中，此项创新的相对优越性，与旧有价值观、经验和采用者需求预期的兼容性，理解和运用的难度，对创新效果的评估都需要时间的考验，并要经历获知、说服、决定、实施、确认等复杂过程。传统出版产业必须警惕内部创新力不足与长期的政策保护和产业的高度垄断相互影响作用所形成的创新的屏障。

三　数字化技术与平台对意识形态安全的影响

数字化技术是一把双刃剑，它既可以有效提高人民的生活水平，也可能是侵蚀当地文化和传统、侵犯国家主权的工具。在“新常态”的社会经济环境中，有必要对文化安全问题给予必要的重视。

文化产业承载着各国文化模式，在日益繁荣的文化交流活动中，不同文化之间会在一定程度上彼此影响，只是影响程度有所不同。由于一些西方国家具有相对强势的信息技术，其文化流动和文化影响力具有强势特征，对欠发达国家及弱势文化的影响或者输出更为明显。信息技术发达的国家具有文化输出方面的话语权，进而抢夺了欠发达国家的文化市场，如果弱势国家对此没有好的应对方式，就会任由强势国家的文化霸权主义横行。现代信息技术的快速发展一方面为不同文化形态提供了超过以往任何时代的宽广的展示空间，另一方面也造成了不同文化之间的激烈碰撞。不同文化之间的冲突和整合以及表达本国文化的冲动与方式成为各国给予极大关注的领域。

人们历来认为，东方以人文伦理精神为特征的文明与西方科学技术理性文明是两种不同的文明，随着信息技术的高速发展，这两种文明的冲突与碰撞也愈发激烈。在信息技术和知识经济为主体的当代，如果一个国家具有丰富的市场经济经验以及强大的文化产品的生产、传播、销售能力，那么弱势国家的文化表达就会受到制约和限制，弱势国家不仅面临经济发展落后的困境，而且有可能失去文化表达的能力。借助技术化优势以及经济的全球化，世界文化的多元性及文化表达多样性有可能因为发达国家文化的强势输出而受到严重威胁。

我国发展市场经济时间不长，文化产业规模、产业创新性及产业稳健性都弱于某些西方大国，在激烈的国际文化表达竞争中和抵挡国外文化产品冲击时不占上风。国外文化产品的大量涌入，使得西方提倡的不适于我国的价值观潜移默化地影响到我国年轻一代，极大地冲击了我国传统优秀价值理念。网络信息霸权和网络语言霸权往往意味着文化霸权，使得文化交流变成了强势文化的单向渗透，不再是理想状态下的对等交互性，进而可以利用各种方式暗示或直接诋毁社会主义价值观。文化认同具有凝聚民族精神的重要功能，必须十分警惕他国利用互联网及移动技术对我国实施的“文化侵略”，因为这有可能危及我国民族文化的独立与代际传扬。哲学家和文化学家张岱年指出：“经济趋于全球化，科学技术也将趋于全球化，同时必须保持民族文化的独立性，这才是中国新文化建设的道路。”我们必须统一认识，大力继承和大力弘扬中华民族的优秀传统文化，维护我国文化安全。

（一）人的思维的退化

数字化技术的高速发展，使文化产业中的视觉文化和影像文化批量地生产。我们越来越多地靠直观和碎片化知识来获取信息，很多人不再习惯进行较长时间的阅读，仿佛只有学者才会进行潜心研读。现代信息技术可以便利地将各类信息以影像方式传递给人们，这就割断了人们与真实世界的直接联系。多媒体技术的发展使得图像信息的传播变得更加容易，人们更愿意观看直观易理解的、信息量大的图像信息，喜欢短、平、快，单纯追求感官舒适和满足，从而在一定程度上放弃了自我思考，无形中束缚了信息接收者的想象力，进而影响了个性多样化及创造力的发展。影像画面不同于书籍或文字，往往会淡化精神深度与高度。文字转化为图像的过程必然伴随着影像制作者的个人意图，导致信息传递失真，造成人们思维习惯过于简单直观，而复杂抽象的固有机能退化。在人类历史发展的历程中，由图像符号抽象为声音、文字或象形文字的过程刺激了大脑发育并深化了思维。当网络新技术的超常记忆体逐渐取代大脑记忆体时，人的思维就将逐渐趋于扁平化，人类大脑在理解过程中的作用以及人类的抽象理解能力将降低。在新媒体时代，人们往往用电子媒介（电子邮件、QQ、微信等）代替传统的直接交往，但与此同时失去的是握手、拥抱以及当面交谈的深度体验和亲切感受。这种技术工具与精神实质之间的分离影响了人类思维的多样性与复杂性。

（二）挑战意识形态建设

建设社会主义先进文化生产能力的一个重要方面是提高数字化时代下的意识形态工作能力。移动互联及数字化新媒体的发展为意识形态建设带来了各方面的挑战，也是与西方意识形态的渗透和反渗透斗争的主战场之一。

社会主义价值观的主导地位受到网络传播的开放性和多元化的冲击。在移动互联时代，人与人之间可以更自由、受限更少地进行信息交流，可以与世界各地联网的人交换想法，可以自由地访问各类信息资源。任何思想与看法，任何民族文化在这里都可以找到恰当的位置。西方发达国家以各种大众传播理论与方法为基础，以移动互联世界中所占据的技术优势进行思想渗透，大肆传播资产阶级价值观念，如功利主义、利己主义、实用主义等错误思想，并对中国年轻网民的思想意识进行错误引导。

管理部门抑制西方意识形态渗透的防御能力的难度由于数字化平台传播的开放性而加大。数字化技术与平台传播具有虚拟性、隐蔽性和开放性，增加了政府管理和控制舆论传播的难度，人们可以更隐蔽同时更广泛地发布言论。由于获取信息的渠道多样化，人们不再单纯听从官媒的报道和阐释。在网络传播环境中，传播的教育色彩逐渐被弱化，人们不再重视以新闻为中心的传统传播理念，更注重传播的娱乐价值。网络传播是发散的传播，从根本上说是排斥中心的，而执政党对意识形态的引导恰恰需要中心。

（三）公民的国家意识逐渐淡薄

在一定程度上说，政权执政的合法性就是合法意识形态的塑造，即公众对方向和规则的认同感。但为迎合不同受众的口味，移动互联和新媒体文化产业往往热衷于推广个人自由主义和某些扭曲的价值观。在现代通信技术和网络文化产业中，地理位置不再具有实际意义。人们可以突破传统意义上的国家、地域、民族的局限，仅根据共同的兴趣爱好、共同的价值观和信仰形成各种团体和力量，国家对公民行为的权威逐渐减弱，现代信息技术推动了全球一体化进程。一些实力强大的跨国公司大规模经营文化产业，进行超越国家意识、超越主权和民族意识的价值观宣传。如果任由其发展，就有可能出现个人自由主义蔓延、国家意识淡薄、爱国主义信仰弱化。我们必须充分重视这种可能出现的不良倾向。

（四）通过数字化平台进行政治宣传和政治动员

数字化技术与平台具有强大的全球政治宣传和政治动员的力量，所以通过提供先进的科技、借助互联网来帮助某些势力推进其价值观念、干涉别国内政、培植反政府派别，便成为一些国家和团体的对外战略与政治目标。一些人权组织也日益利用互联网来协调他们反对别国政府的行动。据了解，目前“三股势力”都已在国外资金的支持下建立了自己的网站，大肆进行反动宣传。

互联网的发展使“网络政治动员”成为对政治安全产生直接影响的重要因素。所谓网络政治动员，是政治动员主体为达到特定政治目的，通过发布具有政治煽动性的网络信息，在网络虚拟空间里对网民进行政治鼓动、诱导、操纵。网络政治动员的消极作用主要在于其导致了政治权力的转移，削弱了国家权威，冲击了政治稳定。应对和治理消极网络政治动员最直接有效的手段是网络政治反动员，治理的关键是割断网络政治动员虚拟转化的关节，治理的根本之计是在网络虚拟空间重塑国家权威。

对于参与政治活动的网民而言，互联网及数字化平台便是他们的信息库，比如搜索引擎、电子邮件、即时聊天工具（比如微信）和非即时聊天工具以及讨论小组等。如果忽略对数字化平台的监管或监管能力有限，那么政治异见者就可以不受限制地获得各类政治参与信息，寻找到具有相同政治观点的个人或团体，寻找到资金支持和潜在合作者。这类信息源有可能成为反政府政治动员和政治活动的策源地，具有很强的鼓动性和破坏性，必须加强警惕。

与其他媒体相比，互联网作为政治动员信息源具有传统媒体不具备的优势，即它可以打破政府审查所设立的障碍。除了与特定的政策问题有关的信息之外，网络还为激进分子提供各种能帮助其有效利用互联网的信息。例如，激进分子通过设立微信群来帮助同盟者调整、查询关于抗议和集会的信息，这便是主动地将互联网作为政治动员的武器库。

数字化媒体平台较传统大众媒体还有显著的成本优势。在公众论坛上发布信息或建立网站要比经营电台、电视台或创办报纸更容易和便宜，事实上，人人都可以成为出版家，人人都是新闻发布者。政治激进分子可以控制自己向公众发布的内容，而不需要依靠大众媒体来引起注意。各类政治团体可以自己创办电子刊物或在他人的电子刊物上发表政治信息。移动网站可以充当支持者、潜在支持者和旁观者的集会场所与信息渠道。

互联网为政策问题对话和讨论提供了多种手段，包括电子邮件、新闻群组、网络论坛和聊天室等。目前，很多大型媒体网站的新闻评论功能非常强，短时间就能够形成强大的舆论力量，给政府决策带来无形的压力。我们认为，网络对政策决策的影响已经不容小觑，必须上升到国家安全的高度。

（五）造谣煽动、恶意炒作和群体性事件

谣言作为一种古老的、普遍的社会舆论现象，过去通过口头传播的方式进行传播，这样的传播效果与范围是有限的。然而，随着互联网及数字化平台的高速发展和普及，现在的谣言借助网络快速扩散，出现了跨国、跨语言的超大规模传播现象。网络谣言产生的原因是复杂的，既有国别之间的政治斗争，也有通过谣言借机发泄负面情绪的个人行为，还有利用谣言来影响资本市场获取利益。相比过去，网络谣言传播路径更加错综复杂，虚拟空间网络传播相互渗透影响。同样，恶意煽动也是影响国家安全的另一种重要方式。

数字化技术与平台对群体性事件推波助澜。由于改革的不断深入，经济、产业结构的调整和利益的再分配，出现了一系列社会矛盾和大量冲突。在一些群体性事件中，群众诉求的合理性与反映形式的违法性以及小部分人的借机捣乱交织在一起，有预谋、有计划、有组织的倾向日趋明显，可能出现经济问题社会化、治安问题政治化的新动向。我国当前社会矛盾的上述现状，为一些组织和团

体利用互联网煽动、炒作群体性事件提供了机会。在互联网上对国内一些热点、敏感问题进行炒作，攻击党和国家领导人和社会主义制度，已经成为境内外敌对势力、敌对分子对我国进行渗透破坏的重要手段。一些别有用心的人将我国社会转型期的一些社会矛盾、热点问题通过互联网扩散，造成网上谣言、流言和不实信息快速传播，极易扰乱公众视听，误导社会舆论，严重干扰政府工作，影响社会稳定。一般而言，我国社会冲突集中表现为利益冲突，但近年来“无直接利益冲突”的特殊现象逐步出现。在一些地区社会矛盾的群体性事件中，有些参与者与事件本身无关，并没有直接利益诉求，而是因为曾经遭受过不公平对待，长期积累下不满情绪，借机宣泄。

由各种原因造成的心理冲突、情绪不满需要有发泄的渠道与机会。当代中国，社会经济高速发展，社会阶层分化现象比较突出，人们的心理压力和社会的不满情绪需要通过一定渠道舒缓和宣泄。互联网上的论坛、微博等，在客观上起了承担宣泄社会不良情绪的缓冲阀、调节器的作用。因此，只要不触及政治和道德的底线，在尊重宪法的前提下，就应对论坛和微博的言论采取相对宽容的态度。各种不同利益群体的自身诉求，能够通过某些表达平台和渠道反映到有关方面。因此，对互联网言论的恰当运用可以缓解社会矛盾，有利于稳定社会局面。如果管理缺乏弹性，不能把不同意见以及正当的利益诉求包容在制度化的表达渠道中，就会被一些别有用心的人利用，进行“反主流”意识形态宣扬，造成社会紊乱。在高度重视互联网煽动、炒作群体性事件的同时，也应正确对待网民合理的政治诉求和对政府以及官员的批评，不可凡事均扣上“煽动”、“攻击政府”甚至“危害国家安全”的帽子。

（六）数字化平台与文化入侵

数字化技术与平台已经成为文化入侵和文化斗争的新工具。冷战终结后，各国不仅重视经济、军事等传统权力资源的“硬实力”的发展，而且更关注以文化、价值为核心的“软实力”的培养。文化全球化本身蕴含的矛盾特性，使文化在不同国家之间的交流中也不断涌现激烈的冲突，文化安全问题成为当前各国聚焦的热点，成为国家安全体系重要的组成部分。

互联网本身是文化的载体和传播渠道，其快速发展使文化入侵获得了前所未有的机会。进口的娱乐、休闲产品成为西方文化入侵的排头兵，不时向青年一代灌输西方的生活方式和价值理念。信息资源之间的差距会形成国家和民族竞争力的差距。许多国家正在考虑在如何抵制美式文化入侵的同时，在以英语环境为基础的互联网社会中保护和发扬本民族文化。西方国家对信息时代的文化入侵极为警惕，例如欧洲大陆将美国好莱坞电影视为对自身文化的入侵，并敬而远之。

数字化技术与平台加速文化颠覆。对本国传统文化的颠覆，比外部的文化入侵有着更可怕的破坏性。汉语的很多优秀成分正在被年轻一代所遗忘，网络快餐式的语言成为部分年轻人时尚的代名词。相反，很多年轻人对一些有深厚文化内涵的成语非常陌生。由于长期使用键盘输入，有些人连常用字都不会书写。网络语言究竟是对汉语的污染，还是对汉语的丰富？这场争论至今没有结束。面对网络语言的大范围来袭，应该规定国家机关公文、教科书不得使用不符合现代汉语词汇和语法规范的网络语言，为保护母语建起法律屏障。

四　数字化技术与平台对文化产业安全影响的对策分析

改革开放和市场经济的发展，为文化产业提供了新的发展空间，出现了迅速发展和日渐繁荣的局面。由于我国文化产业起步晚、发育度低，相对发达国家的产业形态来说依然较为初级，国际竞争优势和规模化程度还不够。数字化技术对文化产业安全具有重要影响，必须从总体上把握，并将其作为国家安全战略的核心部分。

对中国网络安全的一个很大的制约是核心技术不能自主可控。目前，中国缺乏自主可控的计算机技术体系，没有形成自主可控的软件技术体系，也没有形成自主可控的微电子体系，基本上完全跟在美国人后面，这是极其令人担忧的事情。

（一）国际互联网治理的分歧与共识

中国目前应对、管理互联网的办法相对落后，往往采取简单粗暴的封杀国外代理服务器（VPN，俗称翻墙软件）的办法，但这一做法受到广泛质疑。有人戏称，中国拥有世界上最大的局域网；也有人指出，数千万网民翻墙是一种非常不正常的现象。中国面对互联网治理的综合性挑战。

中国在参与国际互联网的过程中提出“政府主导、各方参与”的观点，可以说是中国政府围绕互联网的治理提出来的，这一观点并未受到广泛赞同。事实上，政府在整个互联网治理结构中扮演什么角色，是目前互联网治理中最大的争论。中国强调政府主导，但西方国家并不赞成。但总体而言，虽然反对政府介入互联网管理的声音依然不小，但越来越多的国家和公众意识到政府介入并主导互联网治理的重要性，我们强调政府可以在互联网治理中发挥作用。

我们注意到，对于互联网国内治理的主权问题，国际社会存在重大共识。这个共识是一个国家到底能不能自己制定一些规则。尽管互联网是全球性的，但是在各国内部有关互联网的政策制定也是一个主权。目前，在互联网治理方面，各国可以根据自己面临的需要和特点自行治理，这意味着各国可以依据实际情况构建既适应互联网发展的潮流，又符合各国国情的互联网治理体制和机制，这样可以使各个国家根据自己的国情构建互联网治理的体制和机制。

对于互联网治理的内容，国际社会既有共识，也有争议。共识比较高的是以下几类，比如互联网的基础设施和资源管理，网络使用与安全问题，知识产权和电子商务，还有技术标准、互联网发展以及互联网的信息内容管理，互联网的技术标准是政府主导还是市场主导。而争议最大的是在技术标准方面是市场主导还是政府主导。互联网重要资源管理问题是国际治理的核心问题，需要打破国际互联网的垄断格局。老百姓可以在网上自由流动、自由表达，不能侵犯个人隐私。美国提倡互联网的三大原则，实际上也适合中国。但对于互联网信息内容的治理问题，目前国际社会没有共识。

（二）治理数字化媒体的国际经验

为有效管理互联网及数字化媒体平台，世界各国纷纷出台了各类法律法规。美国国会及政府各部门先后通过了上百项相关法律法规，对网络传播内容加以规制。英国在社区设立了公民咨询局回答民众的问题，及时对敏感的社会问题发布第一手真实信息，以此限制网络的不实言论。在社会动荡、自然灾害等危机时刻，咨询中心及时传递真实信息，消解人们的不安情绪，稳定社会。

韩国和日本也高度重视数字化媒体传播引起的问题。2008 年，韩国 MBC 电视台制作了有关节目，暗示从美国进口的牛肉含有疯牛病病毒，引起了民众的强烈不安。但韩国有关方面经过调查研究后认为，该内容没有正当来源，是虚假不实信息，随即根据法律程序起诉电视台相关负责人。吸取几起网络不实言论造成重大损失的教训后，韩国立法机关制定了包括《电子通信基本法》在内的法律法规，更加严格地限制网络谣言。日本的移动网络等新媒体要加入相应的行业协会组织，并服从行业协会的指导。总务省对行业协会进行管理规范，从而间接管理移动网络新媒体企业，防止不实言论的传播。

（三）指导思想及主要原则

积极防御就是要充分认识数字化技术与平台对文化产业安全带来的风险和威胁，加强预警和应急处置，重点保护基础信息网络和关系国家安全、经济命脉、社会稳定的重要数字化平台；国家要有一定的媒体信息对抗能力和反制手段，从而对信息网络犯罪和信息恐怖主义等形成威慑，通过全社会的共同努力，全面提升信息安全防护能力。

立足国情，以我为主。在掌握数字化条件下，争取文化产业安全主动权的根本出路是努力发展数字化安全高技术、尽量摆脱关键技术和设备受制于人的被动局面。在注重自主创新、自主可控的同时，需要处理好自主研发知识产权与引进国外先进技术的关系。防止认识上的简单化、片面化、狭隘化，不能认为只有本土技术才是安全的，国产的设备全都是可控的。合理引进国外数字化技术和产品的目的是洋为中用，取长补短。同时加强研究，对引进技术和产品的安全做到心中有数、趋利避害、为我所用。

坚持管理与技术并重。数字化平台下文化产业安全保障工作包括技术和管理两个方面，缺一不可。但从目前的经验来看，较为薄弱的还是媒体信息安全管理，要建立和完善信息安全管理责任制，加强管理，落实责任。从根本上讲，要解决媒体信息安全问题还是要通过发展数字化安全高技术。要坚持管理与技术并重，积极发展和采用先进技术来解决信息安全问题。

辩证地处理安全与发展的关系。必须看到没有绝对的数字化技术与平台安全，风险与安全是一个硬币的两面，在处理数字化媒体安全问题时，不存在绝对的无风险安全。必须从实际安全需求出发进行安全建设和管理，既不能忽视数字化安全威胁，也不能片面地夸大所存在的问题。如果安全保障不到位，就会威胁国家安全和社会稳定，但如果管得过死，不仅有价值的信息不能上网，影响人们正常的工作生活，而且会造成不良的国际影响。

在“新常态”的社会环境中，要充分发挥各方面的积极性来保障数字化新媒体安全。有关方面可以主要从政策引导、监督管理、人才培养、增强意识及基础技术研究开发等方面加强信息安全保障工作。同时，数字化新媒体的安全保障也必须动员社会力量，需要广大企业、科研机构、公民个人的积极参与。

（四）加强法治建设与数字化平台管理

数字化媒体技术与平台是人类文明发展的重要一步，我们应该始终坚持“积极发展，加强管理，趋利避害，为我所用”的方针，既有效利用数字化技术，使之服务于国民经济和社会发展，又要加强对数字化平台的管理，防止数字化媒体的违法行为和有害内容危害国家安全、政治稳定和公民权益。2000年以来，我国先后发布了大量有关互联网及数字化媒体管理的行政法规和部门规章，比较典型的有：《互联网文化管理暂行规定》《互联网出版管理暂行规定》《互联网信息服务管理办法》《信息网络传播权保护条例》《互联网安全保护技术措施规定》《互联网等信息网络传播视听节目管理办法》《互联网电子邮件服务管理办法》《互联网新闻信息服务管理规定》等。由于数字化平台的特点对传统管理方式带来了很多挑战，我国数字化媒体的管理体制虽已初步建立但还不完善，上述行政法规和部门规章还要在实际工作中根据新情况不断修订。

加强网络文化建设和管理是我国社会主义文化建设中的新问题，首先要正面看待移动互联和新媒体技术在我国社会主义文化建设中的作用，不应仅仅看到负面效果。归根结底，工具只是工具，要看掌握在谁手中，为谁所用，我们要充分运用好新媒体技术，扩大宣传思想工作的阵地，提高社会主义精神文明的辐射力和感染力，提高全民族的思想道德素质和科学文化素质，增强国家的文化软实力。有关方面应该敏锐地意识到新媒体技术的重要性，勇于接受新鲜事物，积极行动，发展和传播健康向上的网络文化，把网络新媒体建设好、利用好、管理好。

习近平主席十分重视文艺工作，并多次强调文艺工作的重要性，并将文艺工作上升到国家高度。文艺工作者应当深入学习习总书记有关文艺工作的讲话，提供高质量的文艺作品，满足人们的精神需求，发挥社会正能量；同时，公众领域和社会文化平台不能成为放纵个人情绪和制造文化垃圾的私域和站台。

我们建议，围绕网络安全、网络信息内容、信息化基础设施三个关键节点进行规制，建立相应的责任机制。在中央网络安全和信息化领导小组下设立权威的专家咨询委员会，对涉及国家互联网治理以及信息化的重大问题提供决策咨询服务。在机制上要严格执行、令行禁止、最大限度地抑制网络治理中的部门利益，并建立严格的责任追究制和信息审批制。在治理方式上要树立法治思维，注重互联网治理的法治建设，逐步形成以依法治网为主，辅之以必要的行政手段的治理方式。不能长期以行政手段替代法律治理，这样只会把治理变得越来越枯燥。应该充分利用云计算、大数据等新技术，提升政府的网络治理能力和水平。比如对内容的治理，用各大数据建立一套舆情预警系统，以此为基础建立各部门之间的协同应对机制。创新互联网的治理新格局，动员社会力量共治共建，形成良好的共治氛围。

B.7

产业集聚对中国文化产业安全的影响

韩丽雯*

摘　要：文化产业的产业集聚是文化产业健康发展的重要特征，文化产业集聚是文化产业安全发展的保障。当前中国文化产业呈现产业集聚的趋势，从国家级到各地方的文化产业示范基地和文化产业园区在全国得到了快速的发展。文化产业集聚促进了文化产业的规模和影响力，提升了文化产业的综合竞争力和核心竞争力，加速了文化产业的并购和重组能力，增强了文化产业的国际竞争力。同时，文化产业集聚中出现的文化产业“空心化”现象值得警惕，需要国家政策在加强文化产业基地和园区的引导和管理方面、在加强文化产业联盟和文化产业国际经验借鉴方面做出调整。

关键词：文化产业　产业集聚　文化产业安全

* 韩丽雯，山东莱阳人，北京印刷学院文化产业安全研究院讲师。

随着文化产业的迅速发展，文化产业的布局呈现空间集聚的态势，即某类文化产业或某些相互关联的文化产业逐渐在特定的地理位置相对集中，形成了若干企业和机构的集合。“产业集聚是为创造竞争优势而形成的一种产业空间组织形式，其所具有的群体竞争优势和集聚发展的规模效益是其他形式无法比拟的。”① 在全球经济、政治和文化一体化的今天，文化产业发展所呈现的产业集聚效应在表现出群体竞争优势和集聚发展的规模效益的同时，对中国文化产业安全也产生了显著的影响。

一 文化产业集聚是文化产业安全的基础

（一）文化产业集聚的含义

产业集聚也称产业集群或企业集群，是某种类别的产业或某些相互关联的产业在特定的地理位置基于发展的需要逐渐相对集中，最终形成若干企业和机构集合的现象。产业集聚的形成既与一个地区的历史渊源息息相关，又经常取决于一个地区企业之间的关系。产业集聚的核心是企业之间及企业与其他机构之间的联系以及互补性；有的学者将产业集聚和产业集群进行了区分，认为“产业集群是一个静态的概念，强调的是有效率的空间产业组织形式，而产业集聚是一个动态的概念，强调企业空间集中的动力过程，既包括企业地理临近的动力机制，也包括企业空间集中后形成的产业组织

① 李孟刚主编《产业经济学》，高等教育出版社，2008，第203页。

形式，即产业集群的效率表现与动态演化”①。可见，产业集聚涵盖了产业集群，二者虽然侧重点有所不同，但是二者基本上可以互换使用，只有在特殊的场合中才会有一定的限定，比如在分析产业之间在空间上集聚的形成机理和产业之间集聚形成后的企业之间在空间上的组织形式时，学术界主要采用产业集聚的概念来表达。

从产业集聚的含义推知，文化产业集聚是指“相互关联的文化企业及相关机构在地理空间的集聚，其集聚的核心就是前后关联的产业链和产业协作网络。依据比较优势原理，文化企业可以选择在产业链的前端、中端、后端形成产业集聚，产业集聚既可以是创意设计型的集聚，也可以是生产和制造型的集聚，还可以是产品交易、传播和体验服务型的产业集聚”②。具体来说，文化产业集聚是指“几十家文化企业，集中投资，分布在一定的区域内，互相协调，产业分工，以一家企业或数家企业为龙头，形成上、中、下游，从文化创意到生产复制、衍生产品开发、产品包装、销售服务，形成一条完整的产业链，不仅生产规模巨大，市场占有率高，而且能带动一系列附属文化产业的发展”③。文化产业集群中文化企业之间的专业化链接非常紧密，各家企业之间在利益最大化的共同目标下相互依托，形成非常紧密的产业之间的整合，甚至可以形成庞大的产业基地。

文化产业的产业空间集聚是文化产业结构优化的表现形式。发

---

① 袁海：《文化产业集聚的形成和效应研究》，陕西师范大学博士学位论文，第 32 页。

② 袁海：《文化产业集聚的形成和效应研究》，陕西师范大学博士学位论文，第 32 页。

③ 胡惠林：《文化产业学：现代文化产业理论与政策》，上海文艺出版社，2006，第 299 页。

达国家文化产业的发展实践证明了这一点。正如有的学者所说，不同企业之间的空间集聚，可以拉近相互间联系的空间距离，使企业获得由于空间缩短而形成的运输成本和劳动力市场等多方面的优势，并能获得大量专业化企业和互补性企业所带来的信息在空间集聚区域的流动和创新潜力的开发。发达国家文化产业的核心功能主要集中在国际化大都市，如洛杉矶、纽约、伦敦、米兰、东京等形成了现代文化产业的产业集群，如洛杉矶影视娱乐产业集群、米兰的时尚会展产业集群、东京的动漫媒体印刷产业集群、法兰克福的会展出版产业集群等。这些文化产业空间集聚区会聚了全球文化产业的核心企业和重要研究机构，形成了分工协作基础上的文化产业组织布局网络，由此产生了强势的空间经济效应和强劲的国际竞争力。洛杉矶的影视娱乐产业集群在好莱坞方圆约100平方公里的区域内汇集了许多电影产业，如环球电影、华纳兄弟、米高梅、索尼影视娱乐和迪士尼等美国电影娱乐公司的总部、众多独立制片公司和相关服务机构，强劲的集聚效应使集群控制了全球电影娱乐市场的大部分份额。文化产业集聚尽管在大城市具有优势，但是也不仅仅局限于大城市，在一些具有丰富文化资源的地区也可以培育产业集聚。例如，在传统艺术集中的地区、文化遗产和名胜古迹等集中的地区，文化产业的空间集聚也可以形成，如厄瓜多尔的手工艺品集群等就是这样形成的。这表明文化产业集群是文化产业快速发展的主要结构形式，是文化产业结构布局的主要趋势，也可以说是文化产业地区之间的竞争，主要是文化产业集群之间的竞争。

（二）文化产业集聚与文化产业安全的关联

前文已经提到全球化时代文化产业安全主要是指文化产业生存安全和文化产业发展安全，文化产业生存安全是指文化产业的市场或市场份额、利润率水平以及产业资本三个循环中的任何一个循环都不受威胁的状态；而文化产业发展安全具体地定义为文化产业价值或市场份额的提高、产业技术创新以及产业的赶超不受威胁的状态。[①] 文化产业集聚对文化产业安全具有重要的影响，文化产业集聚能够提高文化产业的利润率和市场占有份额，文化产业集聚还能加强文化产业之间的技术传播和创新，文化产业集聚还是空间性文化产业竞争力提高的重要途径。文化产业集聚是产业集群理论在文化产业区域发展战略中的运用，不仅强调空间性文化产业聚集的重要性，而且特别强调发挥空间内各种文化资源的合理配置和协调作用，以及文化产业之间上下游的联系，形成文化产业之间紧密的产业链，发挥产业集聚区域的技术进步与技术创新、文化创意的作用。

在全球化时代，随着以数字化为特征的文化产业的技术升级，文化产业集聚成为全球化背景下文化产业结构调整的必然趋势。文化产业集聚不仅可以提升文化企业的科技创新能力和国际竞争力，而且能够完善文化企业之间的布局与分工，缩小文化企业与本行业国际先进水平的差距，在扩大文化企业规模的前提下，同

---

① 何维达、宋胜洲：《开放市场下的产业安全与政府规制》，江西人民出版社，2003，第74页。

时提高文化企业的质量，因此文化产业集聚不仅对文化产业安全具有重要的保障作用，而且对集群内文化企业的竞争能力的提高和地区文化产业的发展有着非常重要的意义。实施文化产业集聚战略具有重要的战略意义，“可以使区域内文化产业资源得到优化配置，有助于银行扩展信用贷款，解决集群内中小文化企业担保不足的问题；由于产业间的密切关联及地域上的集中，文化产业集群能有效地降低产品开发和转换成本，加快技术创新改造，促进区域文化经济发展；文化产业集群不仅是一种文化产业组织，也是一种可扩展的跨越式文化产业发展模式”。[①] 通常文化产业集聚通过以下几种方式促进文化产业安全：“一是文化产业集聚有助于形成文化产业的整体竞争能力与单家企业的核心竞争力，实现对各种文化资源的优化配置与有效利用；二是文化产业集聚有利于充分利用市场信息，形成对各种文化资源的吸纳能力和辐射能力，提高文化企业的创新能力，缩减文化资源的流通成本；三是文化产业集聚有利于文化能力向社会能力的转化，在消化吸收现代高新技术的同时，也以产业集群的方式改造社会扩大再生产的方式和途径，进而达到为社会发展提供智力支持和文化生态环境的目的。”[②] 从文化产业的渗透能力看，所谓历史文化名城都是文化的创造能力、文化的渗透能力和文化协调能力最强的地方；而国际大都市绝大部分是文化产业比较集中和文化的社会影响力比较强大的地方。

---

① 胡惠林：《文化产业学：现代文化产业理论与政策》，上海文艺出版社，2006，第299～300页。

② 胡惠林：《文化产业学：现代文化产业理论与政策》，上海文艺出版社，2006，第278页。

文化产业的关联度较高也显示文化产业的上下游产业之间联系紧密，产业之间具有很强的前向产业关联和后向产业关联。例如，电影产业的发展与上下游产业的发展息息相关。与传统的产业布局相比较，产业集群布局更注重单家企业之间以及企业与外部环境之间的协同联系。产业集群布局的目的就是利用产业之间的空间集聚从整体上提升集群内企业的核心竞争力。集群产业的发展需要政府将管理的重点放在促进企业之间、企业与大学、研究机构、社会中介机构之间的合作上，并且为这些合作提供良好的环境和政策支持。因此，政府应从完善区域经济发展所需要的硬件环境和软环境入手，制定一套切实可行的促进产业集群的政策。①

上海、杭州等城市文化创意产业园区的出现与发展，以及政府对文化创意产业园区的一系列推动性政策，都是对产业集群理论的实际应用。随着文化产业的发展，文化产业集群将成为我国文化产业发展的一种全新发展模式，并且与梯度发展理论和增长极理论一起，成为我国区域文化产业发展的主要理论。产业集群理论可以说是一种微观区域发展理论和发展战略。这种理论与政策更适合在一定的地区内实现文化产业的跨越式发展，克服了梯度发展理论和增长极发展理论对一个特定地区产业发展要求的局限性。杭州、上海等地发展文化创意产业园区的经验，都已经说明文化产业集群发展是比梯度发展和增长极发展更具有价值的区域文化产业发展战略和发展模式。

---

① 李孟刚：《产业经济学》，高等教育出版社，2008，第215页。

二　中国文化产业集聚的发展态势对文化产业安全的影响

（一）目前我国文化产业集聚的态势提升了文化企业的影响力

随着经济的快速发展，我国的文化产业也获得了快速发展，同时文化产业集聚的态势也越发明显。到 2015 年为止，我国已经形成六大区域性文化产业集聚区，即以北京为核心的文化创意产业集群，以上海为中心包括苏州和杭州的文化创意产业集群，以广州和深圳为核心的文化创意产业集群，以昆明、丽江、三亚为代表的文化创意产业集群，以重庆、成都、西安为核心的文化创意产业集群，以湖南长沙为代表的文化产业集群。六大文化产业集聚区的形成使我国文化产业的产业布局呈现集聚的态势。

中国文化产业在产业布局走向集聚化的同时，政府也非常重视文化产业示范基地和示范园区的建设和发展。据中国经济网记者统计，自 2007 年国家级文化产业示范园区的认定工作开始以来，前四批共有 8 家园区入选，加上 2014 年 11 月第五批公布的 2 家，即安徽省蚌埠大禹文化产业示范园和甘肃省敦煌文化产业示范园，我国已经拥有 10 家国家级文化产业示范园区。文化产业试验园区共认定两批 8 家，2014 年 11 月第五批又增加 4 家，即江苏省南京秦淮地区文化产业园、浙江省衢州儒学文化产业园、湖北省武昌长江文化创意设计产业园、西藏自治区西藏文化旅游创意园。我国国家级文化产业试验园区已经升至 12 家。国家文化产业示范基地认定五批共273家，由于2012年文化部撤销了北京中录同方文化传播有限公司、湖北省民间艺术团等4家单位的“国家文化产业示范基地”命名，所以截至2014年，我国共有269家国家文化产业示范基地。国家文化产业园区和示范基地的设立促进了园区内文化企业的发展，促进了文化产业集聚的形成，涌现了像北京798文化艺术区、上海张江文化产业园区、深圳华侨城集团、西安曲江新区、浙江横店影视产业试验区等集聚效应明显的文化产业园区。根据文化部的统计，2010年，国家级示范园区总收入达2500亿元，总利润逾365亿元，获得16626项自主知识产权，文化产业集聚的态势初步显现。

我国文化产业园区的策划以促进文化产业的健康发展为宗旨，是促进文化产业集聚和文化产业最终形成规模经济和可持续发展的重要途径。根据2010年发布的《国家级文化产业示范园区管理办法（试行）》和《国家文化产业示范基地管理办法》的有关规定，国家级文化产业园区是为了促进文化产业的健康持续发展，所谓文化产业园区主要是指政府划定的特定区域，划定这一特定区域的目的是促进文化资源的开发、吸引文化企业之间的集聚及相关产业链的会聚，通过文化产业的集聚对区域文化及相关产业发展起示范、带动作用，发挥园区的经济、社会效益的作用。近几年来，我国国家级文化产业园区和文化产业基地发展速度非常快，文化产业园区内文化企业的实力不断壮大，文化产业专业化水平逐渐提高，这不仅提升了我国文化产业集聚的程度，而且提升了我国文化产业的安全度。国家级文化产业园区和文化产业基地已经成为文化产业发展的重要集聚区域，形成一批具有较强自主创新能力的文化企业和企业集团，国家级文化产业园区和文化产业基地成为全国文化产业发展的典范。目前，我国国家级文化产业园区和基地已经显现产业聚集的趋势，园区内的文化产业规模不断扩大，文化产业之间的聚集程度增强。国家级文化产业园区经过政府的大力推动，已经培育出具有一定规模的文化产业群。文化产业园区内的文化企业在产业集聚效应影响下发展速度很快，如以北京保利文化艺术有限公司、深圳华侨城集团公司、深圳市腾讯计算机系统有限公司等为代表的文化企业发展迅速，已经成为我国文化产业中企业发展的重要代表。2010 年，文化产业示范园区和文化产业基地已经拥有上市公司 100 家左右，在资本市场上拥有了一席之地。由文化产业集聚形成的文化产业的规模不断扩大，文化产业的影响力也逐渐提高。

文化部经过实地考察、数据统计撰写的《国家级文化产业示范（试验）园区、国家文化产业示范基地 2013 年度总结报告》（以下简称《总结报告》）也显示我国文化产业园区发展规模的扩大。从整体上看，国家文化产业示范基地和国家级文化产业示范园区在 2013 年取得了很大的发展。在发展规模方面，文化产业基地和园区的从业人数和公司注册资本大幅度增加，年收入和利润均呈现较快增长。从《总结报告》统计的 14 家示范园区来看，2013 年这些园区内的企业的利润总额为 561. 6 亿元，平均利润为 40. 11 亿元，比 2011 年增加了 138. 9%。特别是 2013 年上报的 216 家基地内企业年利润总额高达 148. 82 亿元，平均利润为 0. 69 亿元，经估算，所有由单家企业组成的基地内企业年利润总额约为 153. 70 亿元。与 2011 年的情况相比，这类基地平均利润增长非常迅速，两年间平均利润实现了翻两番，其中福建网龙计算机网络信息技术有限公司、上海新天地、中筝集团长春光明艺术学校分别以74.27亿元、13.75亿元、13.19亿元位列前三。由此可见，文化产业园区和基地快速增长的年收入和年利润为文化产业和区域经济的发展发挥了积极的带动作用。例如，成立于2006年的北京丑小鸭卡通艺术团是2014年被命名的唯一一家儿童院团类的国家级文化产业示范基地，该基地有力推动了儿童剧演出向规模化、集约化、专业化发展，据统计，该公司成立7年来演出量已超过8000多场，每年观众有50多万人次。仅2013年演出场次就达2000场，实现收入1227万元。丑小鸭卡通艺术团副总经理侯立林表示，儿童剧对少儿教育具有潜移默化的影响力，儿童剧的发展不仅是一个经济效益的问题。丑小鸭卡通艺术团希望通过院线的建立改变我国儿童剧市场不规范、不完善的局面，将专业化的表演以低票价的形式展现给儿童观众，该基地的建立不仅促进了文化企业规模的扩大，而且以此带动了整个行业的发展，充分发挥了文化产业园区和文化产业示范基地的导向和带动作用。文化产业示范基地和园区在解决就业方面的示范作用同样显著。以张家界天门狐仙文化旅游产业有限公司为例，其打造的高山峡谷实景音乐剧《天门狐仙·新刘海砍樵》从2009年对外演出到2013年年底，共实现产值30940万元，上缴各种税费1177万元，安排农村劳动力和待业、下岗人员400余人就业，解决了不少当地应届毕业生、待业青年及下岗职工的就业问题。国家对文化产业示范基地和园区的设立和命名对文化企业意味着更大的社会责任，被命名的文化企业今后将不只考虑自身的发展问题，还要立足本行业，发挥示范引领作用。

文化产业示范基地和园区在提升文化产业集聚程度的同时，也为城市的发展增光添彩，文化产业集聚形成的品牌效应增强了城市的知名度和影响力。因此，文化产业发展要与城市发展充分融合，成为城市发展的一部分。城市发展为文化产业提供源源不断的资源，文化产业发展也为城市中的各行各业提供必要的服务，实现多个行业与多个领域的融通，形成城区、社区、园区三区合一的新格局。文化产业与城市的融合交流将为城市和文化产业赢得更大发展空间。2014年是中国以互联网为依托的文化产业市场价值超越传统文化产业市场价值的转折年，文化产业如何在“互联网+”的助力下找到自己的位置快速发展，是最为关键的。互联网因素的注入为文化产业赢得更高的市场价值提供了可能，为文化产业的结构转型升级提供了重要的契机。国务院发布的《国务院关于落实〈政府工作报告〉重点工作部门分工的意见》第六条指出要“加快培育消费增长点”，提出要“壮大信息消费，提升旅游休闲消费，推动绿色消费，稳定住房消费，扩大教育文化体育消费”。正所谓“消费反作用于生产”，创造有利的文化环境，对于提升居民生活质量、文化产业转型升级以及整个经济的发展都意义重大。

（二）文化产业集聚提升了文化产业的核心竞争力

文化产业竞争力是指“一国文化产业在赢利状态下，在国内和（或）国外市场获取并保持市场份额的可持续的能力”。[①] 从实

① 蔡翔、王巧林等：《版权与文化产业国际竞争力研究》，中国传媒大学出版社，2011，第36～37页。

证衡量的角度，将竞争力评估区分为竞争力绩效、竞争力潜力和竞争力实现三个层次。竞争力绩效和潜力是定量评估，竞争力实现则是定性分析。赢利能力、市场份额是衡量文化产业国际竞争力绩效的两大主导标准。成本、质量是竞争力潜力的主导评估指标，成本指标主要指生产成本、国内营销和运输成本、国际运输成本；质量指标因版权产品类别差异较大，无法给出统一的评估指标。产品的质量指标也可以从另一角度衡量文化产品的国际竞争潜力，比如产品质量的高低会影响未来消费者对产品的需求量，高质量产品能够形成更持久的赢利时间，也意味着市场份额的维持和扩大。[①] 市场份额和赢利能力是主导评估指标，效率指标是赢利能力指标的参照。

目前，随着我国国家文化产业园区的快速发展和国家政策的大力支持，文化产业示范园区和试验区的文化产业品牌形成，核心竞争力提高很快。国家级文化产业园区在发展的过程中，逐渐形成了比较有效的运行经营模式，文化产业园区内的产业政策不断完善。文化产业园区内的管理机构通过开展各类文化活动、制作宣传网站等方式，加强园区内的文化品牌建设。例如，华侨城创意文化产业园、西安曲江新区、河北曲阳雕塑文化产业园等，都已经成为闻名的文化品牌，文化品牌的形成加强了文化产业在聚集人才、壮大产业等方面的竞争力。国家级文化产业园区内的文化企业不断生产出文化精品，为提升精神文化素质做出了积极

① 蔡翔、王巧林等：《版权与文化产业国际竞争力研究》，中国传媒大学出版社，2011，第38页。

贡献，产生了显著的社会效益。例如，曲阜国家文化产业示范园区经过几年的经营和发展，园区内文化产业重点打造儒家文化特色产业核心区、儒家文化社区和传统文化旅游区等，不仅突出了文化产业的集聚特征和地域特征，而且打造了国家级文化产业园区的差异性和核心竞争力。曲阜国家文化产业示范园区是文化部于2008年5月命名的国家级文化产业园区，为了加快产业园区的建设，济宁市当即成立了曲阜国家文化产业园区管理委员会，由委员会具体负责曲阜国家文化产业园区和全市文化产业发展工作。曲阜国家文化产业园区管理委员会为建设儒家文化特色产业核心区采取了以下举措。一是聘请专业规划设计高端人才，制订内容丰富、特色鲜明、重点突出的文化产业园区规划纲要。二是对园区内的核心文化资源进行整合，对已经废弃不用的资源进行重新挖掘，在营销上寻求顾客新需求。加强交通和服务等配套设施的建设，实现真正意义上的联合运作和文化资本积累。三是重点生产体现儒家文化的文化创意产品，形成拥有自主知识产权以及自主品牌的富有竞争力的特色文化产业园区。四是围绕儒家的核心文化，打造系列文化产业的外围产业，如文化旅游业、文艺演出业、休闲娱乐业、传媒出版业、会议展览业、收藏文化业、文化培训业、新兴文化业，打造包含儒家传统文化的教育产业、孔府遗传文物复制产业、孔子文化展览创意产业和生态旅游产业等重点文化产业聚集区。建设以古城为中心的儒家文化体验园，以孔子诞生地为中心的尼山圣境省级度假休闲园等十几个文化产业园区。多园型的文化产业结构布局更富有差异性和特色性，曲阜文化产业园区旨在打造以曲阜城区为主，辐射周边的“多园”文化产业集聚区。

以建设文化产业的集聚为目的的国家级文化产业园区的发展壮大，不仅实现了园区内人才的广泛聚集和人才的培育，而且实现了科技创新能力的显著提升。国家级文化产业园区对文化产业专门人才的吸引和会聚日益突出。在人才会聚的同时，文化产业园区还通过建设培训学校、引入专业培训机构等方式加强储蓄人才和专业人才的培训，为文化产业园区的进一步发展提供人才保障。2010 年，文化产业示范园区和基地文化产品研发总投入达 143.55 亿元，其中动漫产业和文化娱乐业基地研发投入均超过 10 亿元。2010 年，文化产业示范园区和基地获得自主知识产权数合计 16626 项。文化产业园区和基地的文化科技创新能力不断提升，推动了新兴文化产业的快速发展，涌现一批优秀文化企业。文化部经过实地考察、数据统计撰写的《国家级文化产业示范（试验）园区、国家文化产业示范基地 2013 年度总结报告》显示，从统计的 11 家获得自主知识产权数的示范（试验）园区来看，2013 年这些园区内的企业共获得自主知识产权数 5932 项，平均每家园区获得 539 项，这比 2011 年平均每家园区获得的自主知识产权数增加了 53.1%。示范基地内的企业获得知识产权数比往年也有大幅度增长。2014 年刚被命名为示范基地的郑州枫华实业有限公司，是一家注重技术创新、文化与科技融合的企业，针对博物馆、图书馆、档案馆的文物保护和修复研发了 3 项发明和 25 项实用新型专利，包括无线组网文物展柜恒湿机、超声乳化清洗仪、古籍修复浸染机等。据郑州枫华实业总经理马维理介绍，这些专利产品已经被中国国家博物馆、故宫博物院、首都博物馆等300多家博物馆、档案馆使用，为国内文物保护做出了较大贡献。

由中宣部组织的“文化企业30强”评比活动的开展，在大力促进文化企业的集聚和融合发展的同时，也提高了文化企业的实力和竞争力。在第七届“文化企业30强”的评比中，众多入选30强的文化企业在“文化+”理念的引领下，实现了从传统的单一文化产品到多元、现代的大型文化产业的转型升级，增加了文化产业的市场份额，增强了市场竞争力。深圳华侨城股份有限公司就是很好的例子，公司以文化内容的生产为核心产业，建设多种市场业务的文化产业集群，通过不断扩展上下游文化产业链，形成文化产业的多维度集群。通过“文化+科技”“文化+创意”等全方位的融合，提升文化产业的生命力和竞争力。第七届“文化企业30强”的评比还显示，文化产业的文化资源有向东、中部地区集聚的趋势，文化产业区域集聚的趋势出现。从东、中、西部区域分布来看，入围文化企业的比例从第一届的19∶6∶5，到第七届的23∶7∶0，反映出文化企业的文化资源逐步向东、中部地区集聚，优势文化企业的区域集中度进一步加强。

（三）文化产业的集聚和并购重组增强了文化产业的国际控制力

文化部“十二五”时期的文化产业倍增计划提出，要大力鼓励文化产业的集聚发展。文化部要建设10家左右的文化产业园区和基地，园区和基地将体现高起点、规模化、代表国家水平和未来发展趋势的特征，从而形成一批国家级文化产业示范园区和一批集聚效应明显的文化产业示范基地。自2007年以来，文化部为推动我国文化产业向集聚化和专业化方向发展，加快文化产业集聚区建设，共授予8家国家级文化产业示范园区和7家国家级文化产业试验园区，目的在于通过规划引导、政策扶持、典型示范等措施，引领全国文化产业健康、快速地发展。政府通过强化管理，地方政府通过完善文化产业政策，扶持国家级文化产业园区获得快速发展，引领我国文化产业集聚化水平的提升，使文化产业园区成为我国文化产业发展的重要载体。随着文化部系列文化产业政策的提出，我国文化产业结构得到了调整，文化企业获得良好的发展，品质和效益得到提升，加快了我国文化产业结构的转型升级，使我国的文化产业逐渐由注重数量扩张的规模增长转变到更加注重质量效益的内涵提高道路上来。文化产业以"调整为主线，实施重大项目带动战略，谋划和启动一批具有示范性、基础性、战略性、带动性的重大工程和重大项目，提升产业规模和整体素质，加快产业结构调整和转型升级"。①

随着国家级文化产业园区的推广和设立，国家级文化产业园区对园区内文化企业的培育能力大幅度提升，园区内文化产业的产业链不断完善。国家级文化产业园区在争取各方面资源支持的前提下，构建了完善的文化产业公共服务平台体系，使国家级文化产业园区成为聚集和培育文化企业特别是中小型文化企业的重要基地。与此同时，国家级文化产业园区通过人才

① 北京印刷学院文化产业安全研究院主编《中国文化产业安全报告》，社会科学文献出版社，2014，第48页。

培训、行业中介、投融资机构、传统制造业等相关行业，进一步完善文化产业园区内的文化产业链和配套服务体系，充分发挥文化产业对传统产业的改造和带动作用，推动文化产业对区域经济的引领作用。

中国文化产业实力的增强促进了文化产业的跨国并购和重组。文化产业的集聚在大力促进产业规模扩大的同时，文化企业的实力也获得增强，文化企业间的并购重组活动日趋活跃，进一步促进了文化资源的合理配置和流动。在企业规模和实力增强的运行过程中，并购重组模式是最有效率的途径之一，并购重组模式通过文化资源的优化配置，有效提升了文化资本和文化资源的国际竞争力、控制力和影响力。我国文化产业在实现国内企业之间并购重组的同时，在国家政策的大力支持下，成功实现在境外开展文化领域的投资合作。例如，2014 年 3 月，国务院印发了《关于加快发展对外文化贸易的意见》，提出鼓励各类文化企业通过新设、收购、合作等方式，建设国际营销网络，扩大境外文化资产规模；2014 年 3 月，文化部、中国人民银行、财政部联合发布《关于深入推进文化金融合作的意见》，鼓励文化企业之间开展并购重组模式，为文化企业海外并购提供金融支持，保证跨国并购的顺利进行；2014 年 4 月，国务院办公厅发布《关于印发文化体制改革中经营性文化事业单位转制为企业和进一步支持文化企业发展两个规定的通知》，大力推动文化企业之间的跨地区、跨行业、跨所有制兼并重组，切实维护国家文化安全。我国文化产业的跨国并购和重组，增强了我国文化产业的国际控制力，增强了我国文化产业的安全度。

（四）文化产业集聚过程中显现的“空心化”问题对中国文化产业安全的威胁

在有责任感的文化企业带动下，文化产业示范基地和园区取得了骄人的成绩。但是，文化产业在集聚发展过程中也遇到一些困难，如政府的扶持或优惠政策的可操作性较弱、文化产业投融资渠道较窄、知识产权保护力度较弱，以及税负减免、同行业务交流、信息沟通和互动学习需求并没有得到满足等。其中文化产业示范基地和文化产业园区在操作过程中所呈现的“空心化”问题严重，主要表现在以下几个方面。一是文化产业的内涵出现“空心化”现象。例如，一些地产商打着文化创意产业的旗帜圈地，开发房地产，文化产业似乎已成为地产商获利的下一个“金矿”。文化产业当前呈现的种种问题，从某种程度上说也起源于文化产业定位和划分标准的不清晰，以及文化产业评价体系的不健全。二是文化产业园区的概念被滥用，出现园区内容和核心价值的“空心化”现象。文化产业园区在本质上是指从事演艺、动漫、文化娱乐、游戏、文化会展、文化旅游、艺术品和工艺美术、艺术创意和设计、网络文化、文化产品数字制作与相关配套服务等文化产业集聚和产业融合的场所。但是在我国众多的文化产业园区中，真正称得上文化产业集聚区的只有不到5%。我国文化产业园区还处在发展的起始阶段，质量不高是普遍特征。现在我国文化产业集聚区基本没有实现持续的产业之间的集聚，更没有形成产业的集聚效应，大部分文化产业园区主要靠租金维持，甚至有的还是靠政府补贴。三是文化产业结构或者集聚的“空心化”现象。一些文化产业园区建成后，通过招商引资引入一些文化企业，但这些文化企业之间并无明显的上下游关系，也没有形成文化产业的上下游关联链条，文化产业园区如果缺乏相对集聚的关联产业，缺乏文化资源的合理整合，那么这个文化产业园就仅仅是一个空壳。文化产业集聚发展中存在的“空心化”问题严重影响着文化产业的健康发展，对文化产业安全形成了潜在的威胁。

三　文化产业集聚的对策和建议

（一）加强政府对文化产业集聚的引导和管理

文化产业集聚是文化产业空间布局趋向集中性的规律的反映，这种空间集聚既便于政府有效地加强管理，又便于集中有限的优势资源，扩大文化产业的规模；另外，以市场为导向的文化产业集聚还可以促进经济效益的提高，同时与其他产业紧密关联以获得最大的边际效应。为了实现区域性文化产业集聚，实现文化产业的文化和经济效益，政府必须从政策上加强对文化产业集聚的引导和管理。第一，政府在选择文化产业集聚的区域时，必须选择文化资源丰富和经济较为发达的地区。在园区内形成新的文化产业增长点，因此，原有的区域性历史文化条件对于建设文化产业集聚具有非常重要的意义。第二，政府在授予文化产业园区和示范基地名称时，应该根据不同集聚区不同核心文化产业的产业性质，确定并培育不同文化产业集聚区的文化特色，确定文化产业园区和产业经济功能区之间的分工，从而形成各种文化资源合理配置的产业结构。第三，政府在规划文化产业集聚区的布局时，应该打造大、中、小规模不等的产业集中区域，实现不同规模文化产业之间的优势互补，形成良性的文化产业发展生态群落。[①] 文化产业集聚在充分考虑文化产业的经济效益的同时，还要考虑文化产业在全国范围内的布局平衡和战略思维，在我国，文化产业布局的战略思维应当是在加强东部大城市的文化产业集聚的同时，促进中、西部文化产业集聚区的发展，针对中、西部独特的地理环境和人文环境建立文化产业基地和园区，形成中、西部的文化产业集聚区，为中、西部经济的发展加入文化元素。为此，政府应健全文化产业基地和园区的文化产业政策法规体系，推动现有文化产业政策切实落地执行，建立文化产业基地和园区的多元化投融资机制，加大文化产业领域知识产权保护力度等，切实为文化产业集聚提供有效的产业政策和法律法规。

（二）加强对文化企业联盟的支持和对文化产业集聚区的扶持

由于我国文化企业规模较小、实力较弱，政府应该出台相应政策，大力鼓励各种形式的文化企业联盟组织形式，比如国有文化企业和民营文化企业的联盟、行业协会等的成立，政府需要通过政策对其加以扶持。大、中、小文化企业联盟和区域间的联盟有利于文化产业的前后承接、形成完整产业链，从而产生文化产业的集聚效应。文化企业联盟组织形式还有利于获得银行贷款，银行等金融机构可以通过合作联盟的联保机制向

---

① 胡惠林：《文化产业学：现代文化产业理论与政策》，上海文艺出版社，2006，第278页。

其成员提供贷款。

针对我国文化产业集聚区规模和效应不足的问题，政府应该加大在投融资政策、产权保护和公共服务平台搭建方面的扶持力度。第一，要加大在文化产业的投融资政策方面的扶持。资本对文化产业集聚的影响很大，产业集聚的一个重要优势在于能够形成产业之间的规模经济，随着产业规模的扩大，产业的资本收益率会不断提高。因此，产业集聚区内由于资本的收益率较高，将会吸引更多的区内外资本流向产业集聚区的优势产业，与此同时，资本的流入进一步强化了集聚地区优势产业的产业集聚程度。为此，政府应该在两个方面进行相应的扶持，一方面，政府应该设立专项资金，支持文化产业的发展和项目的开展，同时设立文化产业金融服务中心，为文化产业的发展提供资金支持和投融资服务，鼓励文化产业的联盟和集聚；另一方面，政府应建设文化产业信息平台，促进文化产业资本的流通。例如，为了保证文化产业信息的畅通，北京市建立了文化创意产业投融资信息服务平台，如北京产权交易所、国际版权中心和一年一度的中国北京国际文化创意产业博览会等，为文化创意产业构建了一个沟通信息、推介产品和展示成果的宽广平台，通过积极完善现代文化市场服务体系，帮助文化企业寻求合作伙伴。[①] 通过政府政策的引导，实现金融资本与文化产业的沟通，开辟众多金融机构对文化产业的绿色贷款通道，为文化产品市场化的价值实现提供了极大的支持。第二，政府应该加强文化产业法律法

① 姚林青主编《文化创意产业集聚与发展：北京地区研究报告》，中国传媒大学出版社，2012，第147页。

规的建设，特别是知识产权保护法的建立和完善。文化产业主要包括著作权、专利、商标和设计四项，这几项产业需要合理的知识产权保护机制，否则将严重危害到文化产业的创新理念和创新积极性。因为对于文化产业来说，如果没有知识产权的保护机制，企业必然会选择成本低廉的复制和模仿，而不是选择投资大、见效慢的自主创新，长此以往，文化产业的大量利润将流入盗版者的手中，文化产业的创新激励机制将会失效，大大挫伤文化产业的创新积极性。因此，政府通过改善知识产权保护法，营造文化产业的企业创新氛围，改进企业的创新激励机制，增加创新投入和提升员工素质等措施，为文化产业的健康发展提供制度保障。第三，从文化产业的集聚效应看，政府应该加强公共服务平台的建设和集聚区内产业链的形成和学习效应的构建。文化产业集聚区要实现良性的发展，必须引进产业链上下游的文化企业并发展配套服务，通过建立配套的公共服务平台创造条件吸引更多的示范企业入住文化产业集聚区，加强文化产业之间的学习效应和榜样作用，实现文化产业集聚区内企业与企业之间、企业与用户之间的友好沟通，通过他们之间的有效接触和沟通，实现新工艺和新技术的迅速传播，通过相互间的思想碰撞而产生创新思维，激发创新灵感，从而发挥文化产业集聚区的集聚作用，为文化产业安全提供保障。

（三）借鉴外国文化产业园区的成功经验，探索文化产业园区产业集聚的途径

外国文化产业园区的发展比较成熟，许多成功的经验值得我们借鉴。美国的百老汇是文化产业园区的成功典范，它的成

功在于“以商业戏剧为基础，顺势而变，将戏剧做成产业，带动了区域的经济，让人们走出了产业园独立存在的误区”。[①] 美国迪士尼乐园也是文化产业园区的成功典范，迪士尼乐园的发展对中国文化产业园区的借鉴意义主要在于如何找准文化产业园区主题的定位和发展的整体性规划。美国好莱坞给中国文化产业园区的借鉴是应该学会利用和依靠一个已经取得成功的事物，因为运用已有事物的价值比开发一个新事物的价值要容易得多。国外文化产业园区的管理模式是市场主导型，而我国文化产业园区主要还是政府主导型或者混合型，我国文化产业园区应该利用集聚效应，逐渐转向市场主导型。

文化产业集聚区的管理模式主要有三种：市场主导型、政府主导型和混合型。政府在文化产业的布局发展中介入过深，会导致行政权力对产业发展的干预过多，这不利于文化产业发展的市场进程。在我国文化产业园区和基地的建设和发展中，政府的参与过多，在未来文化产业园区的发展中，政府需要逐渐隐退，由直接的干预转变为产业的引导，规范的管理模式是由市场主导的。政府在退出的同时，要推进行业组织建设，政府要积极支持文化产业协会和产业联盟的发展。Walter Santagata 根据功能将文化产业园区分为四种类型：产业型、机构型、博物馆型、都市型。产业型文化园区主要是以积极的外形、地方文化、艺术和工艺传统为基础而建立的。机构型文化产业园区主要是以产权转让和象征价值为基础而建立的。博物馆型文化产业园区主要是以网络和最佳尺寸搜寻为基础

① 武常岐主编《世界经典文化产业园区》，中国建筑工业出版社，2015，第17页。

而建立的。园区通常围绕博物馆网络而建，位于具有悠久历史的城市市区。都市型文化产业园区主要是以信息技术、表演艺术、休闲产业和电子商务为基础而建立的。中国的文化产业园区应该根据各个园区的特征和特性进行分类管理，产业型文化产业园区主要采用市场导向型管理，由市场具体进行调节，政府逐渐从中退出；博物馆型文化产业园区主要由政府进行管理。文化产业园区根据各自的类型进行分类管理，形成自身的特色和适合各自发展的路径。

技 术 篇

BLUE BOOK

B.8

中国文化产业安全状况评价

佟 东*

摘 要： 中国文化产业安全实证研究，是基于文化产业安全的理论基础，借鉴国际竞争力研究采用的多指标研究测度方法，构建了中国文化产业安全测度评价模型，建立了文化产业安全评估体系，涉及评价步骤，最终确定产业安全状态。本报告运用2009~2013年文化产业相关统计数据，将文化产业安全评价体系分成四个部分，即文化产业对外依存度评价指标、文化产业生存

* 佟东，满族，理论经济学博士，应用经济学博士后，北京印刷学院文化产业安全研究院讲师。

环境评价指标、文化产业竞争力评价指标、文化产业控制力评价指标。最终测算出2009～2013年中国文化产业的安全度，并以此分析中国文化产业的安全状态。

关键词： 文化产业安全 评价模型 评价指标体系 产业安全度

一 文化产业安全评价模型及测度

（一）评价模型

本书采用全球最具权威的产业国际竞争力研究机构——瑞士洛桑国际管理发展学院（IMD）和世界经济论坛（WEF）在进行国际竞争力的多指标研究测度时所使用的方法对文化产业安全状况做出测度评价。产业安全测度评价模型为：

$$S = \alpha X + \beta Y + \gamma Z + \delta W \tag{1}$$

式中：

S 代表文化产业安全程度评价值；

X 代表文化产业生存环境安全的测度评价值；

Y 代表文化产业对外依存度的测度评价值；

Z 代表文化产业竞争力的测度评价值；

W 代表文化产业控制力的测度评价值；

α，β，γ，δ 各代表为每一级指标的相应系数，即专家评价权值。

$$X = \sum a_i x_i \tag{2}$$

$$Y = \sum b_j y_j \tag{3}$$

$$Z = \sum c_k z_k \tag{4}$$

$$W = \sum d_l w_l \tag{5}$$

其中：i、j、k、$l=1$，2，3…，n。x_i、y_j、z_k、w_l 各代表着相应一级指标项下的相关二级指标，系数 a_i、b_j、c_k、d_l 也为对应着相应指标的权重值。

把（2）式~（5）式代入（1）式可以得出：

$$\begin{aligned} S &= \alpha X + \beta Y + \gamma Z + \delta W \\ &= \alpha \sum a_i x_i + \beta \sum b_j y_j + \gamma \sum c_k z_k + \delta \sum d_l w_l \end{aligned}$$

其中：$\alpha + \beta + \gamma + \delta = 1, \sum a_i = 1, \sum b_j = 1, \sum c_k = 1, \sum d_l = 1$。

三级指标按此方法类推下去，就能定量算出整体的产业安全状态，给予相应的评价。

（二）测度方法

依照产业安全评价模型，对文化产业进行安全评价的步骤如下。

1. 确定指标评价值

依据相应指标的计算值与行业标准等，给予每个二级或三级指标相应的评级，评级有“很好、较好、一般、较差、很差”5个档次，相对应的评价值为以1分为满分的0.90、0.70、0.50、0.30、0.10。

2. 确定各级指标的权重值

权重反映的是每个指标在相对应的上级指标中的重要程度。权重的确定方法有多种，一种是依据评价指标的重要程度直接给予权重值；另一种是发放问卷调查统计等方式，还有一种是邀请专家来进行评价。为保证评价的科学性，本书采用的是最后一种方法。

3. 确定安全状态

依据评价模型，通过对各级指标的加权计算得出对文化产业安全状态的最终评价值，再根据［0，0.25］、［0.25，0.45］、［0.45，0.65］、［0.65，0.85］、［0.85，1.00］5个分数段区间将产业安全对应地定义为：危机、不安全、基本安全、安全和很安全。

（三）评估体系构建

本文采用产业安全评价体系的根据是我国文化产业现处于快速振兴的战略性短缺阶段，产业安全隐患主要源于内部要素不成熟。本文根据文化产业特点，结合数据的可获得性原则，根据我们此前提出的文化产业安全的主要内容，建立了如下指标体系（见表1）。

表1　文化产业安全综合影响分析

文化产业生存环境	国际规制环境	国内规制环境	固定资产净值增长率	就业人数增长率
	资本效率	资本成本	专业人才流失率	专业人员供给率
	专业人才比重	产业产值增长率	产业总产出占比	产业增加值占比
文化产业对外依存度	产业进口依存度	产业出口依存度	出口国别依存度	外资国别依存度
文化产业竞争力	产业集中度	世界市场份额	国内市场份额	贸易竞争力指数
文化产业控制力	国外芯片占比	国外操作系统占比	国外数据库管理系统占比	国外网管软件占比
	外资市场控制率	外资股权控制率	外资品牌拥有率	外资技术专利控制率

二 文化产业安全评价指标体系

按照评价体系指标的设计方法，遵循文化产业安全评价体系指标的设计原则，我们选取并确定文化产业对外依存度评价指标、文化产业生存环境评价指标、文化产业控制力评价指标、文化产业竞争力评价指标四大部分作为文化产业安全评价体系的一级指标。在此基础上，我们分别选取并建立相应的二级指标。

因此，产业安全评价指标体系的内容主要包括文化产业对外依存度评价指标、文化产业生存环境评价指标、文化产业控制力评价指标、文化产业竞争力评价指标（见图1）。文化产业生存环境是文化产业赖以生存的基础，文化产业竞争力则是文化产业安全的核心问题，文化产业对外依存度反映文化产业受跨国因素负面影响的情况，文化产业控制力反映外资对文化产业安全的影响程度。通过对一级指标的分拆和细化，可以构建相应的产业安全评价二级指标。表2为文化产业安全评价指标体系。

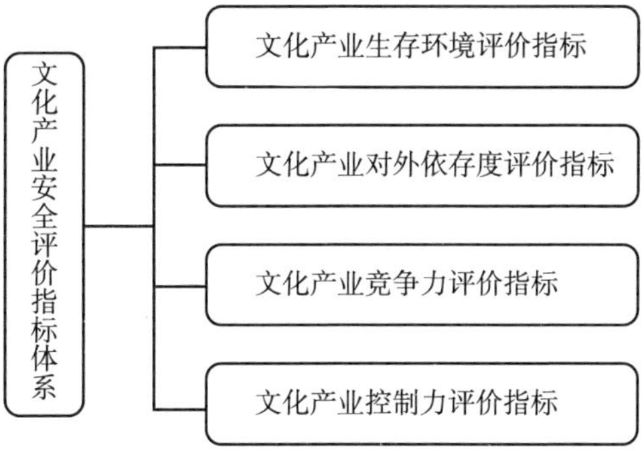

图1 文化产业安全评价指标体系（一级指标）

表 2　文化产业安全评价指标体系

一级指标	二级指标	编号	三级指标	三级指标说明
文化产业生存环境	政策环境	01	国际规制环境	国际组织、其他国家与地区有哪些新法律、新政策、新标准等,对文化产业安全产生何种影响
		02	国内规制环境	国家与地方政府、主管部门、行业协会的法规、政策、标准等,对文化产业安全产生何种影响
	资本积累能力	03	固定资产投资增长率	固定资产净值增长率越高,越有利于维护文化产业安全
	吸引就业能力	04	就业人数占就业人口比重	就业人数占人口比重越高,越有利于维护文化产业安全
	融资环境	05	资本效率	资本效率越低,越不利于文化产业安全
		06	资本成本	资本成本越高,越不利于维护文化产业安全
	文化产业人才	07	专业人才流失率	专业人才流失率越高,越不利于维护文化产业安全
		08	专业人员供给率	专业人员供给率越高,越有利于维护文化产业安全
		09	专业人才比重	专业人才比重越高,越有利于维护文化产业安全
	产业产值	10	产业产值增长率	产业产值增长率:(当期产值 - 上一期产值)/上一期产值
		11	产业总产出占比	占 GDP 的比重越高,越有利于维护文化产业安全
		12	产业增加值占比	占 GDP 的比重越高,越有利于维护文化产业安全
文化产业对外依存度	贸易对外依存度	13	产业进口依存度	产业对外依存度越高,受国际因素的影响越大,维护文化产业安全的难度也就越大
		14	产业出口依存度	产业对外依存度越高,受国际因素的影响越大,维护文化产业安全的难度也就越大
		15	出口国别依存度	如果文化产业出口市场过于集中,容易产生贸易摩擦,产业发展也就越不安全
	外资对外依存度	16	外资国别依存度	如果文化产业外资过于集中,容易产生贸易摩擦,文化产业安全状况也就越差
文化产业竞争力	市场结构	17	产业集中度	如果产业集中度提高,即使总体产业的市场份额都没有变或略有下降,产业国际竞争力仍可以得到提高

续表

一级指标	二级指标	编号	三级指标	三级指标说明
文化产业竞争力	市场份额	18	世界市场份额	世界市场份额体现了我国文化产业在国际市场上的生存空间,份额越大说明在国际市场上的生存空间越大
		19	国内市场份额	国内市场份额说明了文化产业在国内市场上的生存空间
	贸易竞争力	20	贸易竞争力指数(TSC)	TSC < 0,产业处于比较劣势;TSC = 0,产业属于贸易平衡型产业;TSC > 0,产业处于比较优势
文化产业控制力	文化信息	21	国外芯片占比	国外芯片占比越高,越不利于维护文化产业安全
		22	国外操作系统占比	国外操作系统占比越高,越不利于维护文化产业安全
		23	国外数据库管理系统占比	国外数据库管理系统占比越高,越不利于维护文化产业安全
		24	国外网管软件占比	国外网管软件占比越高,越不利于维护文化产业安全
	外资控制力	25	外资市场控制率	反映外资企业对该产业国内市场的控制程度。外资市场控制率越高,文化产业发展安全受威胁的程度越大
		26	外资股权控制率	单家企业外资股权控制率份额超过30%,即达到对企业的相对控制;超过50%,即达到对企业的绝对控制;外资股权控制率越高,文化产业安全受威胁的程度越大
		27	外资资本控制率	外资资本控制率越高,文化产业安全受威胁的程度越大
		28	外资技术专利控制率	外资技术专利控制率越高,文化产业安全受威胁的程度越大

三　中国文化产业安全评价实证分析

（一）文化产业生存环境评价

1. 固定资产投资增长率

近年来，我国对文化产业的支持力度不断加大，尤其是以《文化产业振兴规划》为代表的一系列政策的出台，有力地推动了我国文化产业的快速发展，在此背景下，我国文化产业的固定资产投资也呈现快速增长势头。2005 年以来，我国文化产业固定资产投资总体保持较快增长，投资规模持续扩大。2013 年，我国文化、体育和娱乐业完成固定资产投资 5231.11 亿元，同比增长 22.47%（见表 3）。

固定资产投资增长率的计算公式为：

$$固定资产投资增长率 = \frac{当年固定资产投资额 - 上年固定资产投资额}{上年固定资产投资额} \times 100\%$$

表 3　2005～2013 年文化及其相关产业固定资产投资增长率

年份	固定资产投资额（亿元）	增长率（%）
2005	682.27	—
2006	955.40	40.03
2007	1243.40	30.14
2008	1589.93	27.87
2009	2383.40	49.91
2010	2959.40	24.17
2011	3161.97	6.84
2012	4271.30	35.08
2013	5231.11	22.47

注：表中“固定资产投资额”为《中国统计年鉴》中的“文化、体育和娱乐业固定资产投资”。表中的数据来自《中国统计年鉴》。

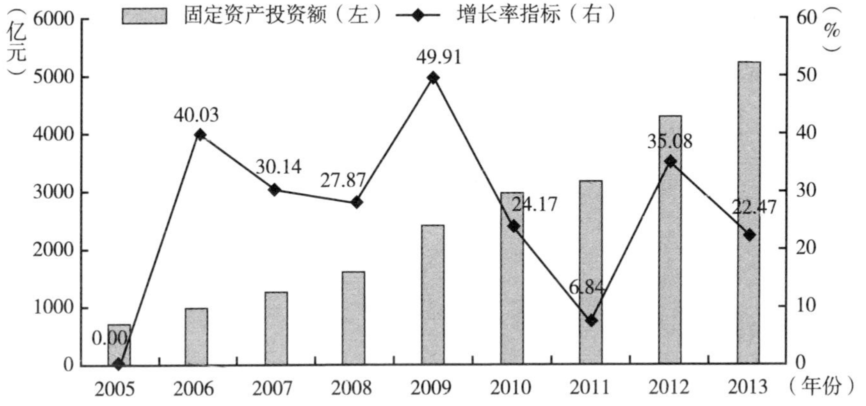

图2　2005～2013年文化及其相关产业固定资产投资增长率

从固定资产投资增长率来看，2005～2013年，固定资产投资额都呈现增长态势，除2011年以外，增长率都在20%以上，2009年还出现了接近50%的高增长率（见图2）。这说明，我国为促进文化产业发展，大量的固定资产投资额被应用于相关产业中，这对促进文化产业繁荣，维护文化产业安全是有益的。文化产业固定资产投资额越多，投资增长率越高，对维护文化产业发展安全越有利。因此，文化产业固定资产投资额的增加有利于维护文化产业安全。

2. 就业人数占就业人口比重

随着文化产业发展更加受到国家的重视和强调以及一系列相关扶持政策的出台，中国文化产业的发展进程明显加快，取得的成绩令人瞩目。但文化产业在快速发展的同时也暴露了一些突出问题，中国文化产业发展只反映增量的增长，而内涵式发展明显不足。文化产业对我国总体就业贡献微乎其微，2005～2013年，文化产业从业人员占社会就业人员比重不到0.20%（见表4），而同期美国全部版权产业就业人数占当年美国就业人口总数的8.4%。创意产业是英国容纳就业的第一大产业，所有创意产业就业人数占总就业人数的比例为7.8%。由此可见，我国文化产业在提供就业方面，与文化产业发达的国家相比还有很大差距，这也是制约文化产业发展的因素。因此，文化产业就业人数占就业总人口的比重不利于维护文化产业安全。文化产业就业人数占就业总人口比重的计算公式为：

$$\text{文化产业就业人数占就业总人口比重} = \frac{\text{文化及其相关产业就业人数}}{\text{就业人员总数}} \times 100\%$$

表4　2005～2013年文化及其相关产业就业人数占人口比重

年份	从业人员数量(万人)	就业人口总数(万人)	比重(%)
2005	122.50	74647	0.164
2006	122.40	74978	0.163
2007	125.00	75321	0.166
2008	126.00	75564	0.167
2009	129.50	75828	0.171
2010	131.40	76105	0.173
2011	134.99	76420	0.177
2012	137.74	76704	0.180
2013	146.95	76977	0.191

注：表中“从业人员数量”为《中国统计年鉴》中的“文化、体育和娱乐业城镇单位从业人员数”，“就业人口总数”为《中国统计年鉴》中的“就业人员合计”。表中的数据来自《中国统计年鉴》。

3. 融资环境

该指标由三级指标“资本效率”和“资本成本”构成，前者是根据进入股票市场的难易程度、企业获得银行信贷的难易程度以及获得风险资本的难易程度衡量的，后者是以短期实际利率来衡量的。如果资本效率低下，则不利于产业安全；而资本成本过高，会使企业增加成本负担，不利于产业安全（见表5）。

表5　2006年8月19日以来金融机构法定贷款利率（短期贷款）

时间	6个月年利率(%)	1年期年利率(%)
2006年8月19日	5.58	6.12
2007年3月18日	5.67	6.39
2007年5月19日	5.85	6.57
2007年7月21日	6.03	6.84
2007年8月22日	6.21	7.02
2007年9月15日	6.48	7.29
2007年12月21日	6.57	7.47
2008年10月9日	6.12	6.93
2008年10月30日	6.03	6.66
2008年11月27日	5.04	5.58
2008年12月23日	4.86	5.31
2010年10月20日	5.10	5.56
2010年12月26日	5.35	5.81
2011年2月9日	5.60	6.06
2011年4月6日	5.85	6.31
2011年7月7日	6.10	6.56
2012年6月8日	5.85	6.31
2012年7月6日	5.60	6.00

注：表中的数据来自《中国统计年鉴》。

从趋势图可以看出，2006年以来，我国金融机构法定短期贷款利率经历了上调→下调→上调→下调的过程，近十年来出现了波动的态势，但仍处于较高的水平，文化产业借贷的资本成本较高，使企业增加成本负担，不利于维护文化产业安全（见图3）。

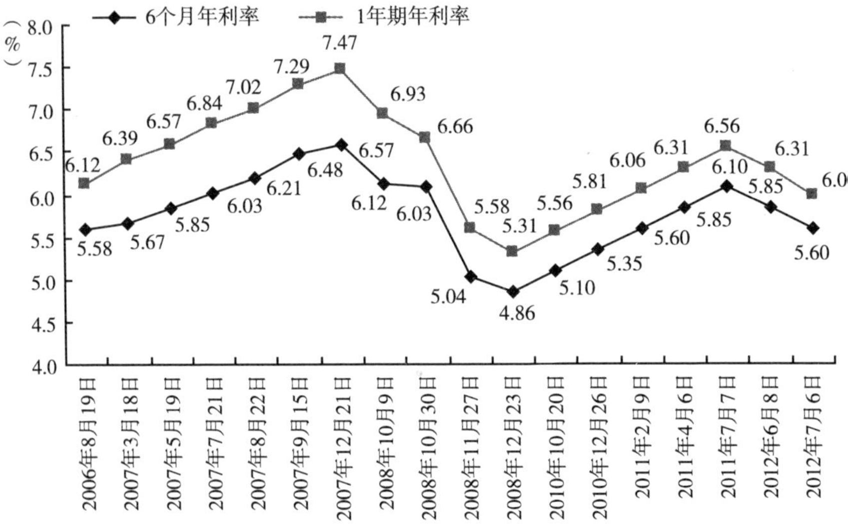

图3　2006年8月19日以来金融机构法定贷款利率（短期贷款）

4. 产业增加值增长率

2012年2月28日，文化部发布《“十二五”时期文化产业倍增计划》，提出“十二五”期间文化部门管理的文化产业增加值年平均现价增长速度高于20%，2015年比2010年至少翻一番，实现倍增的奋斗目标。从表6中的数据可以看出，2013年文化产业增加值已接近2010年的2倍，到2015年这一目标可以基本实现。因此，文化产业增加值的不断增长，并且保持较高的增长率对维护文化产业安全是有利的。

产业增加值增长率的计算公式为：

$$产业增加值增长率 = \frac{当年产业增加值 - 上年产业增加值}{上年产业增加值} \times 100\%$$

表 6　2008～2013 年文化及相关产业增加值增长率

年份	产业增加值(亿元)	增长率(%)
2008	7166	—
2009	8786	22.61
2010	11052	25.79
2011	13479	21.96
2012	18071	34.07
2013	20081	11.12

注：表中的数据来自《中国文化及相关产业统计年鉴》。

（二）文化产业对外依存度评价

1. 产业进口依存度

文化产业进口依存度是衡量我国文化产业对进口产品依赖程度的重要指标。文化产业的进口对外依存度越高，表示进口的文化产品占本国整个市场的份额越高，国外的文化产业在国内文化市场中就越发举足轻重，国外资本的流动和国际市场的波动对于国内文化产业的影响就越发深刻，产业生存发展的安全度就越低。文化产业主要生产的是文化产品，文化产品的主要目的就是满足人们的精神需求，文化产业的进口对外依存度越高，说明本国对国外文化产品的精神需求越大，对国外文化的认可度越高，就越不利于国家维护文化产业的安全。以电影产业为例，根据国家广电总局电影管理局和国家外汇管理局网站的相关数据，2007～2012 年我国电影产业的进出口依存度基本维持在 13.0%～21.0%，略有波动，其中进口依存度最高的是2008年，达到20.26%，进口依存度最低的是2011年，达到13.69%，但与其他国家相比，对外依存度仍然较高。这一问题在很多细分行业中都很突出，例如动画片的进口依存度在2008～2013年均在60%以上，特别是2008年，动画片的进口依存度达到了90%。

产业进口依存度的计算公式为：

$$产业进口依存度=\frac{文化产业进口额}{文化产业总销售额}\times 100\%$$

从表7中的数据可知，2009～2013年，我国文化产业的整体进口依存度在下降，并且进口依存度水平也不高，这对维护文化产业安全是有利的。但个别细分行业进口依存度较高是不容忽视的问题。

表7 2009～2013年文化产业进口依存度

年份	文化产业进口额(亿美元)	文化产业销售额(亿美元)	进口依存度(%)
2009	20.8	452.06	4.60
2010	27.2	590.63	4.61
2011	12.1	804.85	1.50
2012	15.6	1149.24	1.36
2013	22.8	1514.50	1.51

注：表中“文化产业进口额”数据来自《中国文化及相关产业统计年鉴》，“文化产业销售额”数据来自《中国贸易外经统计年鉴》，其计算方法是：文化产业销售额=限额以上文化、体育用品及器材专门零售业企业商品销售额+限额以上文化、体育用品及器材专门批发业企业商品销售额。2009～2013年人民币兑美元汇率数据来自《中国统计年鉴》。

2. 产业出口依存度

文化产业出口依存度同文化产业进口依存度一样，是衡量我国文化产业对出口产品依赖程度的重要指标。一般而言，某一产业的出口依存度越高，一方面表明越多的该产业的产品用于出口，另一方面意味着产业本身受国际环境的制约程度越深，产业安全越难以保障，对于我国这样一个拥有庞大国内市场的国家而言，文化产业的出口依存度越高，越表明国内市场充斥着进口文化产品，国民受外国文化的影响程度越深，越不利于文化产业乃至整个国家的意识形态的安全。同样以电影业为例，我国电影产品的出口依存度由 2007 年的 32.10% 下降到 2012 年的 3.66%，对外出口依存度急剧下降。这说明，我国电影产业对出口的依存度在不断下降，这对电影产业安全来说是有利的。但从整个文化产业的出口依存度来看，情况却不一样。

产业出口依存度的计算公式为：

$$\text{产业出口依存度} = \frac{\text{文化产业出口额}}{\text{文化产业总销售额}} \times 100\%$$

从表 8 中的数据可知，2009 ~ 2013 年，尽管我国文化产业对外出口依存度在下降，但数值很大，超过了 15.0%，甚至达到 20.0%，这对维护我国文化产业安全是不利的。

表 8　2009 ~ 2013 年文化产业出口依存度

年份	文化产业出口额(亿美元)	文化产业销售额(亿美元)	出口依存度(%)
2009	104.2	452.06	23.05
2010	116.7	590.63	19.76
2011	186.9	804.85	23.22
2012	259.0	1149.24	22.54
2013	251.3	1514.50	16.59

注：表中“文化产业出口额”数据来自《中国文化及相关产业统计年鉴》，“文化产业销售额”数据来自《中国贸易外经统计年鉴》，其计算方法是：文化产业销售额 = 限额以上文化、体育用品及器材专门零售业企业商品销售额 + 限额以上文化、体育用品及器材专门批发业企业商品销售额。2009 ~ 2013 年人民币兑美元汇率数据来自《中国统计年鉴》。

3. 出口国别依存度

如果某一产业出口的市场过于集中，就容易产生贸易摩擦，产业发展也就越不安全。表 9 是 2007 ~ 2012 年我国文化产业出口前 15 位的国外市场。

表 9　2007 ~ 2012 年文化产业出口国别依存度

位次	2007 年		2008 年		2009 年	
	国别（地区）	累计金额（亿美元）	国别（地区）	累计金额（亿美元）	国别（地区）	累计金额（亿美元）
1	美　国	48.20	美　国	58.04	美　国	61.80
2	中国香港	25.78	中国香港	31.15	中国香港	26.32
3	德　国	8.85	德　国	14.75	德　国	18.99
4	英　国	7.66	英　国	8.85	荷　兰	10.65
5	日　本	5.90	日　本	7.14	英　国	9.92
6	荷　兰	4.19	荷　兰	5.26	日　本	7.28
7	阿联酋	2.84	俄罗斯	3.90	澳大利亚	4.41
8	加拿大	2.25	阿联酋	3.41	韩　国	3.80
9	意大利	2.19	加拿大	3.30	加拿大	3.16
10	俄罗斯	2.00	澳大利亚	3.04	阿联酋	2.61
11	澳大利亚	1.88	意大利	2.50	意大利	2.39
12	法　国	1.61	新加坡	2.17	新加坡	2.10
13	西班牙	1.45	韩　国	2.02	法　国	1.99
14	韩　国	1.20	法　国	1.69	巴　西	1.62
15	中国台湾	0.82	西班牙	1.65	俄罗斯	1.53
位次	2010 年		2011 年		2012 年	
	国别（地区）	累计金额（亿美元）	国别（地区）	累计金额（亿美元）	国别（地区）	累计金额（亿美元）
1	美　国	54.57	美　国	63.94	美　国	75.35
2	德　国	13.50	德　国	17.03	日　本	19.37

续表

位次	2010年		2011年		2012年	
	国别（地区）	累计金额（亿美元）	国别（地区）	累计金额（亿美元）	国别（地区）	累计金额（亿美元）
3	中国香港	12.94	中国香港	12.96	德国	18.05
4	英国	8.29	英国	11.46	中国香港	14.69
5	日本	5.78	荷兰	7.60	英国	12.10
6	荷兰	5.25	日本	7.20	荷兰	10.83
7	阿联酋	3.02	阿联酋	3.92	韩国	8.83
8	意大利	2.90	澳大利亚	3.75	新加坡	5.73
9	澳大利亚	2.70	意大利	3.41	阿联酋	5.62
10	加拿大	2.57	加拿大	3.32	澳大利亚	4.90
11	法国	2.24	俄罗斯	2.87	马来西亚	4.45
12	俄罗斯	2.10	巴西	2.68	巴西	4.30
13	韩国	2.04	法国	2.60	加拿大	4.28
14	新加坡	1.85	西班牙	2.32	法国	3.35
15	西班牙	1.80	韩国	2.18	西班牙	3.34

注：表中的数据来自《中国文化及相关产业统计年鉴》。

从表9可以看出，我国文化产品出口的对象国较为集中，主要是北美洲的美国、加拿大，东北亚地区的日本、韩国、俄罗斯，东南亚地区的中国香港、新加坡、马来西亚，以及欧洲大陆的德国、英国、荷兰、法国、西班牙、意大利等，并且多年来较为稳定，只是进口额排位略有变化。过于集中的文化产业出口国别依存度对维护文化产业安全是不利的。

（三）文化产业竞争力评价

1. 产业集中度

产业集中度指的是行业内少数企业的销售量、生产量、资产总额对某一行业的支配程度，一般用这几家企业的某一指标（大多数情况下用销售额）占该行业总量的百分比来表示。产业集中度高，单家企业的市场份额就大，其创新和发展的能力就会相应提高，产业的国际竞争力状况也肯定能得到提高。

以电视剧行业为例，2010～2013 年电视剧发行前十位所占市场份额（CR_{10}）的情况如表 10 所示。

表 10　2010～2013 年电视剧产业集中度 CR_{10}

单位：%

排名	2010 年		2011 年	
	公司名称	市场份额	公司名称	市场份额
1	广东电视台电视剧制作中心	3.07	上海新文化传媒集团股份有限公司	1.81
2	珠江电影制片有限公司	2.52	天津电视艺术发展有限公司	1.59
3	杭州嘉艺影视传媒有限公司	1.58	湖南广播电视台	1.57
4	辽宁广播电视台	1.51	海润影视集团	1.36
5	中国国际电视总公司	1.48	辽宁广播电视台	1.20
6	广东南方电视台	1.47	北京华录百纳影视股份有限公司	1.09
7	安徽电视台	1.41	中国国际电视总公司	1.09
8	云南电视台	1.34	电广传媒文化发展有限公司	1.09
9	浙江影视(集团)有限公司	1.32	东阳拉风影视文化有限公司	1.09
10	江苏省广播电视总台	1.17	东阳千乘影视有限公司	1.08
合计	CR_{10}	16.87	CR_{10}	12.97

续表

排名	2012 年		2013 年	
	公司名称	市场份额	公司名称	市场份额
1	广东广视传媒有限公司	2.70	浙江长城影视股份有限公司	3.15
2	上海新文化传媒集团股份有限公司	2.28	海润影视集团	2.57
3	湖南广播电视台	2.12	浙江华策影视股份有限公司	1.84
4	珠江电影集团有限公司	2.08	欢瑞世纪影视传媒股份有限公司	1.79
5	广东南方电视台	1.83	上海尚世影业有限公司	1.71
6	浙江长城影视股份有限公司	1.63	上海新文化传媒集团股份有限公司	1.53
7	浙江华策影视股份有限公司	1.50	北京华录百纳影视股份有限公司	1.41
8	北京东方飞云国际影视公司	1.33	湖南广播电视台	1.30
9	河北电影电视剧制作中心	1.24	广东南方电视台	1.29
10	上海尚世影业有限公司	1.14	山东电影电视剧制作中心	1.26
合计	CR_{10}	17.85	CR_{10}	17.85

注：表中的数据来自 enTVBase（艺恩电视决策智库）。

因此，从产业集中度的角度看，2010～2012 年我国电视剧产业集中度分别为 16.87%、12.97%、17.85% 和 17.85%，这与文化产业发达国家相比有很大差距，对于维护我国文化产业安全、促进文化产业发展是不利的。

2. 贸易竞争力指数

贸易竞争力指数（TSC）是衡量市场竞争力的一个三级指标。当 TSC < 0 时，产业处于比较劣势；当 TSC = 0 时，产业属于贸易平衡型产业，进口额和出口额基本持平；当 TSC > 0 时，产业处于比较优势。

贸易竞争力指数的计算公式为：

$$贸易竞争力指数 = \frac{文化产业出口额 - 文化产业进口额}{文化产业出口额 + 文化产业进口额}$$

从表11和图4可以看出，2005～2013年文化产业贸易竞争力指数出现较大的波动，最大值为2005年的0.916，最小值为2010年的0.622，不论其值大小，均大于0，说明文化产业贸易处于比较优势的地位，这对维护文化产业安全是有利的，并且其值越大对维护文化产业安全越有利。

表11　2005～2013年文化产业贸易竞争力指数

年份	文化产业进出口总额（亿美元）	文化产业进出口差额（亿美元）	贸易竞争力指数
2005	82.3	75.4	0.916
2006	102.1	90.8	0.889
2007	129.2	84.3	0.652
2008	158.4	115.3	0.728
2009	125.0	83.4	0.667
2010	143.9	89.5	0.622
2011	198.9	174.8	0.879
2012	274.5	243.4	0.887
2013	274.1	228.5	0.834

注：表中的数据来自《中国文化及相关产业统计年鉴》。其中“文化产业进出口总额”和“文化产业进出口差额”分别对应年鉴中的“核心文化产品进出口情况：进出口总额”和“核心文化产品进出口情况：贸易差额”。

（四）文化产业控制力评价

1. 外资市场控制率

“外资市场控制率”是衡量外资控制力的一项三级指标。该指

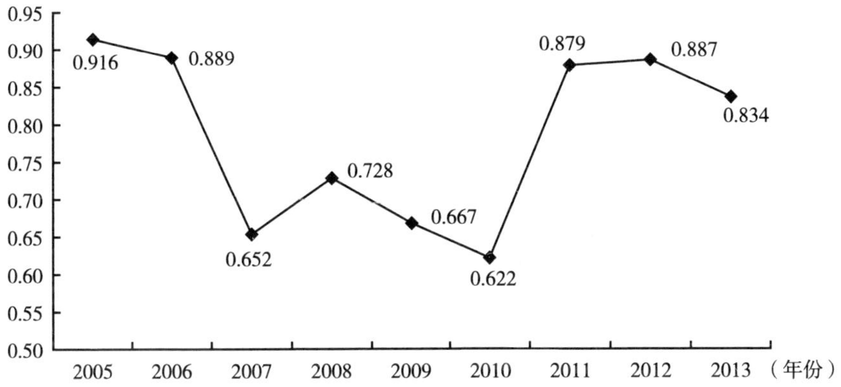

图4　2005～2013年文化产业贸易竞争力指数

标反映外资控制企业对该产业国内市场的控制程度。它可以用外资控制企业的市场份额与国内该产业总的市场份额之比来衡量。外资控制企业包括外资股权控制企业、外资技术控制企业、外资经营决策权控制企业。外资市场控制率越高，产业发展安全受影响的程度越大。市场是外国资本瞄准的重要目标，抢占东道国的广泛市场以获取大量经济利润最终达到控制东道国市场的目的，是外国资本和跨国公司进入其他国家所采取的一般策略。外资的市场控制体现在外资市场控制率上，而外资市场控制率同时可以等价于外资市场占有率。在外资市场占有率方面，国际上一般把30%视为警戒线。外资对文化产业市场的控制，不仅是对经济的控制，而且是对思想与精神的侵蚀。因此，为了确保产业安全甚至是国家意识形态安全，本国必须将市场牢牢地控制在手中，不是不允许外资进入，而是一定要抓住控制权不放手。

外资市场控制率的计算公式为：

$$\text{外资市场控制率} = \frac{\text{文化产业外商投资企业营业收入}}{\text{文化产业营业收入}} \times 100\%$$

从表 12 中的数据可以看出，2004～2012 年，我国文化产业外资市场控制率在不断提高，尽管外资市场控制率并不算高，但是不断升高的趋势对文化产业安全形成了威胁。因此，文化产业外资市场控制率的不断升高对维护文化产业安全是不利的。

表 12　2004～2012 年文化产业外资市场控制率

年份	文化产业外资营业收入（亿元）	文化产业营业收入（亿元）	外资市场控制率（%）
2004	1979. 13	16561. 50	11. 95
2008	3416. 10	27244. 30	12. 54
2012	10128. 34	56264. 09	18. 00

注：表中的数据来自《中国统计年鉴》和《中国文化及相关产业统计年鉴》。其中 2004 年和 2008 年的“文化产业营业收入”为《中国文化及相关产业统计年鉴》中的“文化及相关产业法人单位主要指标：营业收入”；2012 年的“文化产业营业收入”为《中国文化及相关产业统计年鉴》中的“规模以上文化制造业企业营业收入＋限额以上文化批发和零售业企业营业收入＋重点服务业文化企业营业收入”。“文化产业外资营业收入”为《中国文化及相关产业统计年鉴》中的“规模以上文化制造业外商投资企业营业收入＋限额以上文化批发和零售业外商投资企业营业收入”。

2. 外资资本控制率

外资资本控制率不仅可以反映某一企业的外资控制程度，而且可以反映行业整体被外资控制的程度。某一公司的外资资本控制率即为外资在该公司实际控制资本的比率。行业的外资股权控制率为行业内外资资本总量与行业资本总量的比率。文化产业需要引入适当的外资，这对于文化产业的与时俱进、跟上国际化进程以及为本国文化注入新鲜血液都是必不可少的，然而过高的外资资本控制率则意味着文化产业整体被外资所控制，对文化产业安全造成冲击。外资资本控制率的计算公式为：

$$外资资本控制率 = \frac{文化产业外商投资企业资本}{文化产业资本} \times 100\%$$

从表13中的数据可知，2004～2013年，我国文化产业外资资本控制率在逐年下降。这对维护文化产业安全是有利的，同时，文化产业外资资本控制率的绝对数字也很小，从整个文化产业来看，未对文化产业安全构成威胁。

表13　2004～2013年文化产业外资资本控制率

年份	文化产业外资注册资本（亿元）	文化产业资本（亿元）	文化产业外资资本控制率（%）
2004	571.09	18316.60	3.12
2008	558.87	27486.60	2.03
2013	773.63	57568.48	1.34

注：表中的数据来自《中国统计年鉴》和《中国文化及相关产业统计年鉴》。其中"文化产业外资注册资本"为《中国统计年鉴》中的"文化、体育和娱乐业外商投资企业年底注册资本"；2004年和2008年的"文化产业资本"为《中国文化及相关产业统计年鉴》中的"文化及相关产业法人单位主要指标：资产总计"；2013年的"文化产业资本"为《中国统计年鉴》中的"规模以上文化制造业企业资产总计＋重点文化服务业企业资产总计＋限额以上文化批发和零售业企业资产总计"。2008～2013年人民币兑美元汇率数据来自《中国统计年鉴》。

四　中国文化产业安全度

（一）评价指标体系权重

这里选择一种客观计算（而非主观给定）权重的方法，即熵权法。在文化产业安全评价模型中，指标权重的确定是一个难点。熵权法是一种在综合考虑各项评价指标所提供信息量的基础上，对各指标权重进行评价的方法。具体而言，熵权法是根据各指标所包含的信息量大小来确定的权重，某个评价指标所包含的信息量（或变异程度）越大，熵值就越小，该指标的权重越大；反之亦然。如果某个评价指标值的各个取值都相等，则该评价指标并不向系统提供有用信息，该指标权重为0。根据各评价指标所提供的信息量计算熵值来确定各指标的权重，再对所有指标进行加权，可以得出较为客观的综合评价结果。

当评价体系处于 n 种不同状态，而每种状态出现的概率为 P_i（$i=1,2,\cdots,n$），则该系统的熵就可定义为：

$$E=-\sum_{i=1}^{n}P_i\ln P_i$$

其中，P_i 满足：

$$0\leq P_i\leq 1$$

$$\sum_{i=1}^{n}P_i=1$$

熵具有极值性，当 $P_i=x/n,(i=1,2,\cdots,n)$，即每种状态出现的概率相等时，熵取得最大值：$E_{max}=-\ln(n)$。

假设有 m 个评价指标，每一个评价指标有 n 种不同取值。这 n 种不同取值可能分别来自于 n 个专家对各评价指标的打分，也可能是在 n 个不同时期对评价指标的观测值，抑或者是对 n 个不同对象的评价。m 个评价指标对应于 n 种不同取值所构成评价矩阵 R 为：

$$R = \begin{bmatrix} r_{11} & r_{12} & \cdots & r_{1m} \\ r_{21} & r_{22} & \cdots & r_{2m} \\ \vdots & \vdots & \ddots & \vdots \\ r_{n1} & r_{n2} & \cdots & r_{nm} \end{bmatrix}$$

在产业安全评价中，R 即为综合评价的安全度。为了去除不同指标的量纲，对评价矩阵 R 作标准化处理，得到矩阵 R'：

$$R' = (r'_{ij})_{n \times m}$$

其中：

$$r'_{ij} = \frac{r_{ij} - r_j^{min}}{r_j^{max} - r_j^{min}}$$

$$0 \leq r'_{ij} \leq 1$$

r_j^{min}和r_j^{max}分别是第 j 个指标各取值中的最大值和最小值。

在有 m 个评价指标、n 种取值的系统内，定义第 j 个评价指标的熵值为：

$$H_j = -K \sum_{i=1}^{n} f_{ij} \ln f_{ij} \qquad (j = 1, 2, \cdots, n)$$

其中，

$$f_{ij} = \frac{r'_{ij}}{\sum_{i=1}^{n} r'_{ij}}$$

$$K = \frac{1}{\ln n}$$

同时假定 $f_{ij} = 0$ 时，$f_{ij} \ln f_{ij} = 0$ 。

第 j 个指标的熵权 w_j 定义为：

$$w_j = \frac{1 - H_j}{m - \sum_{j=1}^{m} H_j}$$

采用熵权法确定权重的优点在于，权重的确定不再依赖于专家的判断，从而减少了人为主观性的干扰。指标取值变异越大，熵值越小，说明该指标向决策者提供的信息量越大，该指标的权重也就较大。

（二）评价指标值

在对多项三级指标分析的基础上，本报告应用产业安全测度评价模型来计算文化产业安全度。以指标的系统性原则、代表性原则以及数据可得性原则为基础，确定分析指标及数据如表 14、表 15 所示。

表 14　文化产业安全度评价指标权重

一级指标	二级指标	三级指标	权重
文化产业生存环境评价	政策环境	国内规制环境	0.0280
		国际规制环境	0.0120
	资本积累能力	固定资产投资增长率	0.0200
	吸引就业能力	就业人数占就业人口比重	0.0200
	融资环境	资本效率	0.0600
	产业产值	产业增加值增长率	0.0600
文化产业对外依存度评价	贸易对外依存度	产业进口依存度	0.0800
		产业出口依存度	0.0600
		出口国别依存度	0.0600
文化产业竞争力评价	市场结构	产业集中度	0.1575
	贸易竞争力	贸易竞争力指数	0.1925
文化产业控制力评价	外资控制力	外资市场控制率	0.0875
		外资资本控制率	0.1625

表 15　2009～2013 年文化产业安全度测算指标值（标准化）

评价指标＼年份	2009	2010	2011	2012	2013
国内规制环境	0. 60	0. 65	0. 65	0. 70	0. 70
国外规制环境	0. 50	0. 50	0. 55	0. 60	0. 60
固定资产投资增长率	0. 90	0. 65	0. 50	0. 80	0. 65
就业人数占就业人口比重	0. 15	0. 15	0. 20	0. 20	0. 20
资本效率	0. 55	0. 40	0. 25	0. 30	0. 30
产业增加值增长率	0. 65	0. 70	0. 65	0. 75	0. 55
产业进口依存度	0. 90	0. 90	0. 95	0. 95	0. 95
产业出口依存度	0. 55	0. 60	0. 55	0. 55	0. 70
出口国别依存度	0. 50	0. 50	0. 50	0. 50	0. 70
产业集中度	0. 30	0. 35	0. 25	0. 35	0. 35
贸易竞争力指数	0. 65	0. 60	0. 90	0. 90	0. 85
外资市场控制率	0. 40	0. 35	0. 30	0. 25	0. 20
外资资本控制率	0. 75	0. 80	0. 85	0. 90	0. 95

（三）评价结果输出

利用文化产业安全测度评价模型，可以算出 2009～2013 年我国文化产业安全度，如表 16 所示。

从表 16 可以看出，我国文化产业安全形势呈现以下特点。

表 16　2009～2013 年文化产业安全度

年份	2009	2010	2011	2012	2013
文化产业安全度	0. 58005	0. 57545	0. 60880	0. 64530	0. 64543

1. 文化产业安全度在不断提升

2009 年以后，我国产业安全度是上升的，2009～2013 年，文化产业安全均处于“基本安全”状态，并且越来越接近“安全”

状态（达到0.65即为“安全”状态）；从2009年开始，产业安全度逐年上升，尤其是在2012年和2013年，文化产业安全度几乎接近0.65。这说明，我国文化产业安全在达到“基本安全”的基础上，有望进一步提升安全度。

2. 部分指标值先降后升、先升后降或呈波动状态

在评价指标中，资本效率、贸易竞争力指数、固定资产投资增长率呈现先降后升的趋势。这也是2009~2013年我国文化产业安全度先降后升的主要原因。在评价指标中，外资市场控制率、产业增加值增长率呈现先升后降的趋势。产业集中度呈现波动状态。而其他指标值表现出较为平稳的上升态势。

3. 文化产业安全趋势向好

尽管2009~2013年我国文化产业的安全度均处于“基本安全”状态，但从安全度的变化趋势和各评价指标的变动趋势看，已经非常接近“安全”的级别，文化产业的发展、各类文化产业政策的出台，将进一步提高文化产业的安全度，使我国文化产业安全达到“安全”级别。

B.9

维护文化产业安全的对策建议

肖 丽*

摘 要： 本文针对我国文化产业政策存在的缺陷，提出完善文化产业政策、规范文化产业市场机制的建议；针对我国文化产业国际竞争力较弱的现状，建议通过更新观念、开拓多元化的国际市场、培育国际化人才等措施积极推动文化产业“走出去”；针对文化产业内涵发展不足的弊端，建议从鼓励文化创新、提升科技能力、提升文化生产的品质和效益等方式走内涵式发展道路；针对文化企业规模小，建议国有文化企业积极并购重组；针对文化产业发展中资金短缺的问题，建议加大金融支持的力度；针对文化产业侵权现象严重，建议加强版权保护和版权的监管执法；针对我国文化资源的流失，建议加强外资文化企业的审批和监管。

关键词： 文化产业 版权 文化产业安全

* 肖丽，河北衡水人，汉族，北京印刷学院文化产业安全研究院讲师。

为了更好地促进文化产业的发展，维护文化产业安全、国家经济安全和文化安全，建议在以下几个方面加强研究，制定对策。

一　完善文化产业政策，规范文化产业的市场机制

文化产业政策是国家为了促进本国的经济繁荣和文化的可持续发展，综合运用经济与法律手段，并辅以行之有效的行政手段，调整文化产业关系，规范文化产业活动而制定的政策。我国文化产业的发展起步较晚，并且是从计划经济的模式中逐渐转化过来的，现阶段我国文化产业的发展主要处于政策主导的阶段，文化产业的市场机制还不完善，因此，完善我国文化产业政策，最大限度地实现文化产业政策的安全，规范文化产业的市场机制，对于我国文化产业的安全具有非常重要的意义。

首先，侧重建设有效的文化产业公共服务平台。文化产业的发展需要金融、科技和法律的支持和保障，通过文化产业政策，建设文化产业公共服务平台，促进文化产业与其他产业的协同与融合发展，必将助推文化产业的健康发展。在文化产业政策上构建面向文化与科技融合的成果展示、交易和推广平台，目前的平台基本局限在单一领域提供的功能服务上，将来的文化产业政策可以在公共融合技术服务、融合型企业孵化、跨领域技术转移、跨专长人才培训与服务和融合领域品牌支撑等平台功能方面提供较强支持力度。

其次，加强文化产业政策的人才引进政策和相关配套政策。现阶段，我国文化创意方面的人才缺乏，特别是既懂得科技，又有文

化专长的复合型文化人才。因此，我国在加强文化产业创意人才培养的同时，应该通过政策大力引进具有国际视野的文化和科技相结合的复合型人才，以解决制约我国文化产业发展的人才“瓶颈”。

再次，加大对于构建现代文化市场体系的政策扶持力度。构建现代文化市场体系，已经作为衡量国家文化治理体系和治理能力现代化的重要内容和指标。这一体系的建立健全必然会推进政府文化治理方式的转变，对国家文化治理和治理能力的提升非常重要。我国政府部门应该从顶层设计入手，选择关键性的突破口，重点着力，不断扩大和加强文化市场配置资源的范围和作用，从国有文化企业的体制改革入手，促进现代文化市场的建设和完善。

最后，借助创新体系，助力文化产业体制机制的完善。引导建设文化产业高新技术孵化基地和创新示范基地，逐渐形成包括创业创新引导、融资咨询、专业支撑、市场开发和政策对接的完善的创新孵化服务体系。通过创新体系加强文化产业政策的完善和文化产业体制机制的进一步完善。

二　加强文化产业的内容创新，积极推动文化产业“走出去”

文化产业大发展、大繁荣在维护国家文化产业安全方面起着至关重要的作用。一国文化产业大发展，有利于扩大本国文化在国际文化市场的影响力，提高本国文化产业的国际竞争力，并最终渗透到国家综合实力的提升中。改革开放以来，我国文化产业发展得到了良好的机遇，但相比文化发达国家，我国文化产业的发展还相对滞后，文化产业的国际竞争力还非常弱，文化贸易逆差状况普遍存在，这一现实严重影响了我国文化产业的安全发展。为了牢牢把握国家发展文化产业的大好机遇，必须积极推动文化产业“走出去”，实施“走出去”战略。

首先要更新观念，在万众创新的时代，文化产业更需要强调内容创新。中国5000年的历史文化，源远流长，文化产业要“走出去”，文化产品内容就要创新。在文化产品创作上既要有独特性，体现我国文化的精髓与深厚底蕴，展现我国文化产品的特点和优势，又要充分结合出口国的文化习俗和消费习惯，不断创新产品，满足当地消费者的消费需求，打开消费市场或者争取获得当地消费者认可，扩大需求，才会促进我国文化产品走出国门，走向世界。鼓励业界开拓思想，开阔思路，推动文化内容形式创新，采用新技术，创新文化内容传播媒介，提高对原创作品的激励，对既有文化底蕴又富有时代特色的原创性作品给予大力支持。同时，相关政府部门也应加大对文化产业的资金扶持力度，从财力上保障创新内容和原创性文化作品的问世。

其次，开拓多元化的国际市场，在营销模式上要符合出口国的消费习惯，即便同样的文化产品，出口到不同的国家，因为消费习惯和文化习俗的差异，可能需要采取不同的营销模式，这也要求我国文化企业必须熟悉出口国的文化偏好和市场规则，选择出口国消费者喜欢的营销模式和渠道，知己知彼，方能百战不殆。

再次，人才是关键，加大人才培养力度，要大力发展文化产业需要的创新型人才，培养文化贸易需要的国际贸易人才、商务谈判人才、文化传播人才，为企业“走出去”培养跨文化管理型人才等。为文化产业领域的稀缺人才提供更多的机会，创造更多的平台，激发其创造性，提高其创作能力，制定合理的激励机制，吸引并留住人才，避免人才流失。

最后，要健全文化产业的法律法规。既要根据我国文化产业发展的实际情况，又要借鉴文化产业强国的相关经验，充分考虑国内法和国际法的衔接，加快和完善我国文化产业立法、执法、司法体系，形成比较健全的文化产业法律法规，确保我国文化产业安全，这也是对我国文化产业“走出去”的有效法律保障。

三　转变文化产业发展方式，走内涵式发展道路

首先，要鼓励文化创新。要充分体现文化创新工作者的劳动价值，采取多种形式，激励文化工作者贴近实际，深入生活，创作出既能够与时俱进、凸显时代特点，又能够反映生活实际的充满正能量的原创性作品。鼓励业内人士、国家文化产业示范园区和示范基地等不断探索文化产业的发展模式，促使文化产业的上游、中游和下游之间形成良好的衔接和渗透，形成产业集聚基础上的产业链，加强文化产业之间的规模效应，扩大文化产业集聚区的规模。从文化产业的内容、传播媒介、技术等多维度推动创新。对于具有原创性而且非常出色的原创性作品，要加大扶持力度。要用好国家文化发展专项资金、艺术基金等，支持文化产业内容创新，为文化产品创新提供资金保障。

其次，要加强技术攻关，促进科技与文化的融合，提升科技对于文化产业发展的支撑能力。当今世界进入了经济全球化、信息化与数字化时代，科学技术的发展对文化产业的发展将产生引领、创新、转化和驱动作用。要针对文化建设和文化产业发展重点领域的科技需求，密切关注世界科技发展的前沿，攻克一批关系到文化领域传统业态提升、新业态发展的基础性、共性关键技术，提高科技对传统文化业态的提升能力以及对新兴文化业态的创生能力。注重集成创新和模式创新，强化对全产业链的技术创新的全盘布局。同时，要加快文化科技创新成果的转化，对于技术成熟的创新成果要进行培育和孵化，加快成果转化速度，通过成果转化创造财富。

最后，有效促进文化产业结构调整与优化，实现文化产业结构的改造与提升，促进文化与科技的融合，提高文化产业的科技含量，提高文化产品的质量和性能，加快文化产业发展方式的转变，走内涵式的发展道路，摒弃过去仅注重数量的发展方式，转移到更加注重质量和效益上来。加快实现项目带动战略，尤其是重大项目的示范和带动作用，以重大项目做支撑和保障，规划、布局文化产业项目，充实项目库和人才库，确保文化产业项目落地。为文化产业招商引资提供相关的优惠政策，为文化产业发展营造良好的环境。依靠大项目的带动，提高文化产业增加值，实现文化产业的突破和跨越，使文化产业真正成为国民经济的支柱产业。国家文化产业示范基地（园区）的建设，已经成为文化产业发展的驱动力，为全国文化产业的发展做出了良好的示范和标杆作用。2004～2014年，文化部开展了6批国家文化产业示范基地命名和5批国家级文化产业示范（试验）园区命名。[1] 通过文化产业园区的发展，孵化、培育与壮大文化企业，产生集聚效应，从而增强我国文化产业竞争力，提高文化产业整体实力。

四　支持文化企业并购重组，鼓励企业做大做强

与文化产业大国相比，我国文化产业起步较晚，由于基础薄弱，一直以来，我国文化产业都处于一种分散的、低水平竞争状态，这与我国文化大发展、大繁荣的时代背景与发展趋势相悖，因此，必须对文化企业实施并购重组，重新整合，推进文化企业尤其是国有文化企业的战略重组，发展实力雄厚的文化企业集团，参与国际文化企业竞争，提高国际竞争力，在激烈的竞争中立于不败之地。

根据美国文化企业并购重组的经验，第一，要培育合格的市场主体，完善企业公司治理机制，建立产权明晰的现代文化企业，坚持政企分开、产权明晰，脱离政府部门的附属机构，创造独立的经营能力。解决国有文化企业内部的各类矛盾，使相关政府部门从文化企业的具体事务中解脱，面向整个文化产业，为文化产业提供管理、监管、服务等职能。同时，要建立健全出资人制度，明确好文化企业出资人的权、责、利。第二，在产业融合发展的背景下，要力争实现文化企业的跨行业发展，鼓励企业跨区域、跨领域、跨所

① 资料来源：中国经济网：《国家文化产业示范基地（园区）：文化产业发展驱动力》，http：//www. ce. cn/culture/gd/201503/06/t20150306_ 4741690. shtml。

有制兼并重组，这一过程需要各级政府部门积极配合与大力支持，摒弃文化行政领域分而治之的传统局面，促进文化资源的自由流动与合理配置，实现规模经济和范围经济。第三，以人为本，培养富有创新精神的文化企业家。谋事在人，要想我国文化企业发展壮大，人的因素是非常关键的，由于历史原因，国有文化企业重组改造比市场经济条件下的企业要困难得多，阻力也多，所以，加强对文化企业家的培养，充分发挥企业家的作用，有利于实现文化企业的并购重组。第四，完善政策支持体系，政府部门充分发挥引导作用，并提供一定的财税扶持，构建激励机制，加大对文化企业并购重组的金融支持，采用多元化的融资渠道，并充分发挥资本市场的作用①，探索文化企业跨区域并购重组财税利益共享模式等，为文化企业并购重组提供服务与保障。

五　加大金融支持文化产业的力度

第一，继续加快推进文化产业各类平台的建设和管理。大力推动与无形资产相关的法律法规、管理办法的制定与完善，为文化产权交易的顺利开展做好制度保障。在此基础上，鼓励符合条件、资本市场成熟、基础好的城市设立文化产权交易试点，发展文化产权交易平台，为买卖双方提供充足的有效的信息，提高文化产权交易效率。建立文化产业的投融资平台，通过投融资平台

① 资料来源：财政部网站：文资办：《美国文化企业并购重组对我国的启发》，http://wzb.mof.gov.cn/pdlb/yjbg/201209/t20120907_681376.html。

为文化企业和有潜力的项目提供一定的融资，建立文化企业孵化平台，提供优质的服务，辅导小型文化企业成长，助力其走向资本市场。鼓励银行金融机构提供授信额度进入文化产权交易所的资金池，为优秀作品和优秀企业提供支持，鼓励银行发行创新性的金融理财产品，鼓励各种基金与优质项目进行合作，提供资本支持。

第二，建立有效的文化产业无形资产评估及信用担保体系。贷款抵押担保落实起来比较困难，已经成为文化产业融资的一个主要障碍，建立并完善文化产业无形资产评估及信用担保体系急切而必要。由政府牵头，鼓励社会各类主体参与到信用担保体系建设中来，在中小文化企业“融资难”的现实情况下，融入政府的隐性担保，加上一定的风险共担和补偿机制的建立做保障，为文化企业“融资难”提供了关键的解决途径。

第三，银行业开发创新性的文化金融产品。针对文化产业的经营模式、赢利模式，分析文化产业的风险，针对文化产业项目，做好前期风险分析与信贷风险评估，考虑文化产业项目的特殊性，积极稳妥地为文化类项目提供融资。同时，加强信用风险缓释工具等衍生品开发，创新文化金融产品，全面推动业务创新，提供专业的服务，在资源投放时有效考虑中小文化企业。

第四，鼓励多元化、多层次的资本注入文化产业，拓宽文化企业的融资渠道。我国民间资本数量巨大，积极鼓励和引导民间资本进入文化产业领域，以各种形式参与到文化企业发展中，能够有效改善文化企业的“融资难”状况。同时，为了保证文化产业安全发展，也要加强对民间资本进入文化领域的指导和规范管理，激发资本活力，充分发挥民间资本的积极作用。此外，鼓励有实力的文化企业上市融资，开辟新的融资渠道。

六 加强版权保护，强化版权监管执法

侵权行为严重影响到文化产业安全与发展，必须加强版权保护，加快版权安全体系的建设，加强版权管理，强化版权监管执法。

第一，加强宣传，强化大众的版权保护意识，通过媒体、教育、宣传等手段在各个层面上开展宣传工作，使版权意识普及化、常态化，版权观念深入人心。

第二，营造良好的版权发展环境，维护良好的版权发展秩序，积极响应打击侵权违法行为，提高侵犯版权的成本。当前，侵权成本过低，对于那些在较长一段时间内侵权目的明确、实施侵权行为的侵权者，要提高侵权成本。对于侵权行为给权利人造成巨大经济损失、名誉损失的侵权人，要追究其刑事责任。

第三，加强行业监管，建立严格的审查制度，对文化产业版权的监管常态化，定期进行执法检查。未雨绸缪，尽力做好审查，将侵权行为遏制在萌芽状态，避免事件发生后补救。充分发挥执法部门的作用，同时，各部门应积极配合，做到执法必严，违法必究，共同实施监管保障。

第四，完善法律法规，以法律手段使正当的知识产权受到法律保护，提高盗版的违法成本，加大对侵权盗版的打击力度。加强重点领域的立法，完善执法程序，严格执法责任，健全行政执法和刑

事司法衔接机制，实现行政处罚和刑事处罚无缝对接。严厉打击互联网的违法侵权行为，加强网络版权执法监管，突出查办版权大案、要案，遏制侵权盗版势头，依法治理网络健康，维护版权秩序。

七　加强外资文化企业审批监管，维护国家文化资源产权安全

外资文化企业的进入打破了现有文化产业的市场垄断，激活了中国文化市场的活力，有利于中国文化市场的进一步成熟和规范。与此同时，我们也应该高度关注外资文化企业可能带来的一些违规行为和负面影响，建立科学完善的外资文化企业进入规制体系。

经营性文化单位转企改制主要是在狭义层面进行产权的界定。与此同时，我们还必须树立广义产权意识，重视文化产业的广义产权制度建设。文化产业的各种生产要素都存在产权归属，在总体上，文化生产所依赖的各种资源（文化遗产资源、文化人才、文化技术、文化资本等）的产权属于一国国民。文化资源产权包括四个方面：文化资源的占有权、文化资源的经营权、文化资源的处分权和文化资源的收益权。

目前，我国主要从文化资源的处分权方面对外资进行监管和审查，相对忽视了文化资源的占有权、经营权和收益权。当今时代，文化市场已经成为各国资本争夺的主要市场，文化领域已经成为国际政治斗争和意识形态较量的主战场。不论是文化强国还是文化弱国，都应该按照文化资源占有权具有国家排他性和文化资源经营权具有可交换性原则，来处理国家之间的文化贸易与投资往来。

Abstract

Cultural industry Security is the basis for the development of cultural industry, which is the guarantee of sustainable development of cultural industry and the inherent requirement of national culture security. With the development of economy, the importance of cultural industry is growing in the national economy. The cultural industry in cultural attributes and industry attributes determines its important effect on national strategic security and the important role of cultural industry security.

This report in the form of the annual report analysis and expounds the status of the Chinese cultural industry security. With the theories of industry economics, using the method of statistical analysis, This report analysis and explore the influence of cultural industry development situation to cultural industry security, and put forward the corresponding countermeasures and Suggestions. The data is from the national statistical yearbook and local statistical yearbook, reliable data, the range of data bear the report data statistics from the previous year, and extends to December 2014, to be able to complete to reflect the development trend of this year's cultural industry security, thus to put forward the reference for the development of cultural industry strategic planning.

This report is divided into general report, report and technical articles. General report set up an overall architecture for this report from the connotation of culture industry security, the factors affecting the security of cultural industry and cultural industry security situation three aspects. Cultural industry security refers to the survival and development of cultural industry in China is not threatened. It contains three meanings: The cultural industry security is the main body of China's cultural industry; Cultural industry security studies include two aspects of the survival and development of cultural industry security; The cultural industry security can by evaluating the extent of the cultural industries threatened to push. According to general report there are the major factors affecting China's cultural industry security, namely domestic environment, external dependency, competitiveness control, etc. General report comprehensively summed up the cultural industry and the basic methods of security assessment, and analyzes the present situation of our cultural industry security, including the current living environment, the present situation, the external dependency industry competitiveness present situation and the status quo of the industrial control.

The second part of this report is the report. Report studies from the different aspects affecting the security of the cultural industry in our country. Namely our country culture industry policy security research; The influence of content innovation to China's culture industry security; The influence of the market mechanism to cultural industry security; The impact of copyright legislation to China's culture industry security; The influence of digital technology and media platforms to cultural industry security; The influence of industrial agglomeration effect on China's cultural industry security a total of six aspects. Report six sides are according to the associated with cultural industry security, the impact on the culture industry security and countermeasures of logic, by putting forward problems, analyzing problems, to solve the problems made a comprehensive and detailed, this paper shows the different aspects of cultural industry's impact on cultural industry security.

The third part of this report is a technical article, technical papers are discussed from two angles of China's cultural industry security of cultural industry security early warning and security countermeasures and suggestions of cultural industry. In the maintenance of security countermeasures and Suggestions of cultural industry is put forward to promote cultural industries to go out, change the pattern of China's cultural industry development, support the cultural industry of merger, acquisition and reorganization, strengthening financial support and strengthen copyright protection and strengthen the supervision of examination and approval of foreign cultural enterprise and so on six big proposal, for cultural industry and government agencies have very good guidance significance.

This report holds on for all kinds of professionals in the field of cultural industry, cultural industry management institutions and related professional college students to provide quality content, emphasis on high quality, large, multiple points of view, the cultural industry policy analysis and cultural industry closely integrated security research in motion, has many characteristics, such as professional and comprehensive.

Contents

B I

Abstract: Culture industrial security is the state of the survival and development of China's cultural industry. This is the basis and starting point of the report. The general report analyzes the affect of the industrial security of the cultural industry based on the defining of the culture industry security, they are domestic environment, dependence on foreign degrees, competitiveness, and the control power. It summarizes the basic method of industrial security evaluation of cultural industry, and analyzes the status of the industrial security of China's cultural industry, including survival environment, external dependence degree of the status, industry competitive situation and industrial control power of the status.

Keywords: Cultural Industry; Industrial Security; Influence Factors; Evaluation Method; Industrial Security Situation

B Ⅱ

Abstract: The core of cultural industry is the industry culture content industry, the contents innovation of the cultural industry is the premise and foundation of culture industry security. The content innovation of the cultural industry enhances the influence of Chinese traditional culture and international competitiveness and the core competitiveness of China's cultural industry through spreading the traditional culture. At the same time in the cultural industry there are illegal copy and infringement of intellectual property rights, such as the contents of ideological trend, which produces a threat to China's culture industry security. Based on the above elaboration, for the content innovation of the cultural industry we put forward the countermeasure and the suggestion, namely the content of the cultural industry realize the combination of nationality and times, the helping of science and technology power, copyright protection and the cultivation of the innovative concept. In order to maintain the security of China's cultural industry the content of the cultural industry also need to realize continuousinnovation .

Keywords: Cultural Industry; Content Innovation; Cultural Industry Security; Core Competitiveness

Abstract: With the development of China's Reform and Opening-up, the economic nature of cultural highlights. China proposed the development of cultural industries formally in period of the tenth five-year plan, during the periods of the "Tenth Five-year Plan" and "Eleventh Five-year Plan", China's cultural industry maintains an extraordinary pace of development. Since the period of "Twelfth Five-year Plan", China's cultural industry accounted for a steady increase in the national economy, but the growth rate decreased year by year. Behind the lower growth rate is the normalization adjustment of the mode of development, the cultural industry has entered a new stage of normal development. With the deepening of market economic system reform, China's cultural industry market operation mechanism increasingly improved market through price competition, supply and demand, risk and other mechanisms play an increasingly important role in the cultural industries. Market mechanisms plays an important role in the areas of Optimize the allocation of cultural resources, focusing on cultural areas of development, and making cultural industries a reasonable and orderly competition, has a positive impact on the security of cultural industries; under an open economy patterns, market-oriented operation also brings challenge to the development of cultural industries, to a certain extent, endanger China's cultural industry security.

Keywords: Cultural Industry; Market Mechanism; Industrial Security; New Norma

B. 4　The Impact of Copyright Legislation on Chinese Cultural Industry Security　*Feng Guanglin* / 093

Abstract: It's of great significance to give full play to the important role of copyright in promoting the development of cultural industries and to improve copyright legislation in maintaining the security of Chinese cultural industry. Chinese copyright legal system is based on a series of laws and regulations, which is a substantial completion symbol of setting up the Chinese copyright legal system in maintaining cultural industries security. On the other hand, we must see the deficiencies of the present copyright legislation in maintaining the cultural industry security. It is worthwhile for us to learn the successful experiences in maintaining cultural industries security from the United States, Japan, and South Korea. For the sake of maintaining the cultural industry security, it's essential for us to improve and promote the copyright legal system, the copyright administrative enforcement legal system and the international cultural trade legal system as soon as we can.

Keywords: Cultural Industry Security; Copyright Legislation; Improvement

B. 5　The Impact of Culture Soft Power on Chinese Cultural Industry Security　*Wang Zhuoyu* / 117

Abstract: Culture soft power has the essential influence to the culture industries security. There are both positive and negative effects. In the positive sense, the openly and inclusively spirit is the great drive force for the development of culture industries. Meanwhile, common culture heritage and value may benefit for the expanding of culture. In the negative sense, the development fatigue of culture soft power may also restrict the development of culture industries.

Keywords: Culture Soft Power; Culture Industries; Culture Industries Security; Influence

Abstract: The digital technology media and the platform carry the national culture mission, and it is a new problem of strategic height under the new normal. From the perspective of national economic, political, and cultural security, to recognize the security risk of cyberspace, and to link the development strategy of the enterprise to the security and stability of the country. The vigorous development of the new digital media continues to shape a more complex and developed the network space, based on the new digital media technology and platform of Ideological and cultural and ideological communication, blending and confrontation of increasingly widespread, frequent and in-depth, on China's political security, cultural security have brought both opportunities more challenge. The security and controllability of the new media is the basis for the new media development strategy, and the network security industry has a unique role and mission in the new media development strategy. Digital media technology and platform for the industry must adhere to the comprehensive national security as a fundamental, and strive to create a safe and reliable network space, for the country to create forms and means of advanced and competitive new mainstream media escort, to promote the whole society formed three - dimensional diversity, integration and development of modern communication system laid the foundation .

Keywords: Digital Media Technology; Digital Media Platform; Ideology; Cultural Security

Abstract: Cultural industry agglomeration, which is an important characteristic of culture industry, is the guarantee of security culture industry. Chinese cultural industry presents the trend of industrial agglomeration. From the national to the local, the cultural industry demonstration base and industrial park has been rapid development in the country. Cultural industry agglomeration promote the scale and influence of cultural enterprises, improve the comprehensive competitiveness of the cultural industry and core competitiveness, accelerate the cultural industry mergers and restructuring ability, enhance the international competitiveness of cultural industry. At the same time, the cultural industry in cultural industry agglomeration alarming "hollowing out" phenomenon, need to strengthen national policy guidance and management of cultural industry bases and park, in strengthening the cultural industry alliance and cultural industry adjust international experience for reference.

Keywords: Cultural Industry; Industrial Agglomeration; Cultural Industry Security

B Ⅲ

B. 8 The Industrial Security of Culture Industry in China

Tong Dong / 193

Abstract: The empirical study of Chinese cultural industrial security is based on the theory of the industrial security of culture industry. It used the method of the international competitiveness of the multi index. It constructed the Chinese culture industrial security evaluation model, and established the cultural industry security evaluation system, involving evaluation steps and ultimately determine the security state of the industry. This report uses the relevant statistical data during 2009 to 2013 of the cultural industry. The cultural industrial security evaluation system is divided into four parts, they are cultural industrial environment evaluation index of cultural industry, dependence on foreign degree evaluation index, the cultural industry competitiveness evaluation index, and the cultural industry control evaluation index. Finally measure the security of the Chinese culture industry in 2009 – 2013, and analyze the security status of Chinese culture industry.

Keywords: Cultural Industry Security; Evaluation Model; Evaluation Index System; Industrial Security Degree

B. 9 Countermeasures and Suggestions for the Maintenance of Cultural Industry Security *Xiao Li* / 221

Abstract: Aiming at the flaws of the cultural industry policy, The article put forward some suggestion that consummate the cultural industry policy and specificate market mechanism of cultural industry. Based on the status of China's cultural industry international competitiveness, the article suggests updating ideas, developing diversified international market, cultivating international talents and other measures to actively promote the cultural industry "going out" . Aiming at the insufficient of the connotation of the culture industry, it put forward the suggestion that encourage cultural innovation, promote science and technology ability, promote the quality of the cultural production and efficiency of connotative development under way. Aiming at Cultural enterprises small in scale, it suggests that the state-owned cultural enterprises to actively merger, acquisition and reorganization. Aiming at the problems a shortage of funds in the development of cultural industry, financial support should be strengthened. Against infringement of cultural industry is serious, it suggests strengthening the regulation of copyright protection and copyright law enforcement; Aiming at the loss of cultural resources in China, it suggests strengthening approval and supervision of foreign cultural enterprises.

Keywords: Cultural Industry; Copyright; Cultural Industry Security

皮书起源

“皮书”起源于十七、十八世纪的英国，主要指官方或社会组织正式发表的重要文件或报告，多以“白皮书”命名。在中国，“皮书”这一概念被社会广泛接受，并被成功运作、发展成为一种全新的出版形态，则源于中国社会科学院社会科学文献出版社。

皮书定义

皮书是对中国与世界发展状况和热点问题进行年度监测，以专业的角度、专家的视野和实证研究方法，针对某一领域或区域现状与发展态势展开分析和预测，具备原创性、实证性、专业性、连续性、前沿性、时效性等特点的公开出版物，由一系列权威研究报告组成。

皮书作者

皮书系列的作者以中国社会科学院、著名高校、地方社会科学院的研究人员为主，多为国内一流研究机构的权威专家学者，他们的看法和观点代表了学界对中国与世界的现实和未来最高水平的解读与分析。

皮书荣誉

皮书系列已成为社会科学文献出版社的著名图书品牌和中国社会科学院的知名学术品牌。2011 年，皮书系列正式列入“十二五”国家重点出版规划项目；2012~2015 年，重点皮书列入中国社会科学院承担的国家哲学社会科学创新工程项目；2016 年，46 种院外皮书使用“中国社会科学院创新工程学术出版项目”标识。

法律声明

S 子库介绍

Sub-Database Introduction

中国经济发展数据库

涵盖宏观经济、农业经济、工业经济、产业经济、财政金融、交通旅游、商业贸易、劳动经济、企业经济、房地产经济、城市经济、区域经济等领域，为用户实时了解经济运行态势、把握经济发展规律、洞察经济形势、做出经济决策提供参考和依据。

中国社会发展数据库

全面整合国内外有关中国社会发展的统计数据、深度分析报告、专家解读和热点资讯构建而成的专业学术数据库。涉及宗教、社会、人口、政治、外交、法律、文化、教育、体育、文学艺术、医药卫生、资源环境等多个领域。

中国行业发展数据库

以中国国民经济行业分类为依据，跟踪分析国民经济各行业市场运行状况和政策导向，提供行业发展最前沿的资讯，为用户投资、从业及各种经济决策提供理论基础和实践指导。内容涵盖农业，能源与矿产业，交通运输业，制造业，金融业，房地产业，租赁和商务服务业，科学研究，环境和公共设施管理，居民服务业，教育，卫生和社会保障，文化、体育和娱乐业等 100 余个行业。

中国区域发展数据库

以特定区域内的经济、社会、文化、法治、资源环境等领域的现状与发展情况进行分析和预测。涵盖中部、西部、东北、西北等地区，长三角、珠三角、黄三角、京津冀、环渤海、合肥经济圈、长株潭城市群、关中—天水经济区、海峡经济区等区域经济体和城市圈，北京、上海、浙江、河南、陕西等 34 个省份。

中国文化传媒数据库

包括文化事业、文化产业、宗教、群众文化、图书馆事业、博物馆事业、档案事业、语言文字、文学、历史地理、新闻传播、广播电视、出版事业、艺术、电影、娱乐等多个子库。

世界经济与国际政治数据库

以皮书系列中涉及世界经济与国际政治的研究成果为基础，全面整合国内外有关世界经济与国际政治的统计数据、深度分析报告、专家解读和热点资讯构建而成的专业学术数据库。包括世界经济、世界政治、世界文化、国际社会、国际关系、国际组织、区域发展、国别发展等多个子库。